A Missão da
Umbanda

R·A·M·A·T·Í·S

A Missão da Umbanda

Norberto Peixoto

LEGIÃO
PUBLICAÇÕES

2ª edição / Porto Alegre-RS / 2025

Capa e projeto gráfico: Marco Cena
Revisão: Gaia Revisão Gramatical
Produção editorial: Bruna Dali e Maitê Cena
Assessoramento gráfico: André Luis Alt

Dados Internacionais de Catalogação na Publicação (CIP)

P379m   Peixoto, Norberto
            A missão da Umbanda. – 2. ed. / Norberto Peixoto. – Porto Alegre: BesouroBox, 2025.
              192 p. ; 16 x 23 cm

            ISBN: 978-85-5527-156-4

            1. Religião. 2. Umbanda. I. Título.

                                                                                                                  CDU 299.6

Bibliotecária responsável Kátia Rosi Possobon CRB10/1782

Direitos de Publicação: © 2025 Edições BesouroBox Ltda.
Copyright © Norberto Peixoto, 2025.
1ª reimpressão

Todos os direitos desta edição reservados à
Edições BesouroBox Ltda.
Rua Brito Peixoto, 224 - CEP: 91030-400
Passo D'Areia - Porto Alegre - RS
Fone: (51) 3337.5620
www.legiaopublicacoes.com.br

Impresso no Brasil
Março de 2025

Agradecimento à origem africana da Umbanda

É importante para nós, umbandistas, refletir sobre como nos comportamos diante da origem africana da Umbanda – lembrando que também temos a origem indígena e branca judaico-cristã, do catolicismo e do espiritismo.

Percebemos, muitas vezes, devido à pluralidade e diversidade da prática umbandista, certos ritos de outros cultos incluídos como sendo de Umbanda. Observemos, no entanto, que tudo o que contraria a caridade não pode ser aceito como prática de Umbanda. Esse estado de coisas deve ser colocado num clima amistoso, de concórdia, diálogo e união, pois toda iniciativa sectária, de exclusão abrupta que tenta impor uma verdade absoluta, gera uma ruptura que contraria o "ser umbandista".

Saudamos os ensinamentos de todas as nações africanas, bem como os de todas as demais que têm enorme influência dentro da Umbanda, e as enaltecemos quanto à prática da magia em seu aspecto positivo, benfeitor, que sobejamente prepondera, fortalecendo a cultura e a caridade umbandista.

Destacamos ainda que o conhecimento milenar dos Orixás foi preservado pelos africanos, que sabiamente criaram o sincretismo como forma de aceitação dos seus credos e cultos.

Saravá!

"*Todas as entidades serão ouvidas, e nós aprenderemos com os Espíritos que souberem mais, além de podermos ensinar aos que souberem menos. Não viraremos as costas a nenhum nem diremos não, pois esta é a vontade do Pai. O verdadeiro umbandista vive para a Umbanda, e não da Umbanda. Vim para criar uma religião, fundamentada no Evangelho de Jesus, e que terá Cristo como seu maior mentor*"
(Caboclo das Sete Encruzilhadas, 16 nov. 1908).

"*O Caboclo das Sete Encruzilhadas nunca determinou o sacrifício de aves e animais, quer para homenagear entidades, quer para fortificar minha mediunidade. Nunca recebi um centavo pelas curas praticadas pelos guias. O Caboclo abominava a retribuição monetária ao trabalho mediúnico. Não há ninguém que possa dizer, no decorrer destes 66 anos, que retribuiu uma cura (e foram aos milhares) com dinheiro*"
(Zélio de Moraes).

"*Da atitude de Zélio de Moraes*, *em 15 de novembro de 1908, que, incorporado, declarou estar 'faltando uma flor' na mesa da Federação Espírita de Niterói, surgiu um dos pontos cantados mais belos da Umbanda:*
'Surgiu no jardim mais uma flor,
Mamãe Oxum trazendo paz e amor,
Que vai crescendo, por este imenso Brasil.
Bandeira branca de Oxalá, força do além,
Mãe caridosa que ao mundo deseja o bem...
Vai sempre em frente, ó minha Umbanda querida!
Leva a doçura da vida para aqueles que não têm'.
Assim foi delineada a doutrina que se conhece por Umbanda, despida de preconceitos racistas, pela sua origem africana, no sentido de agrupar em suas atividades escravos, senhores, pretos, brancos, nativos, exilados, imigrantes, descendentes e todos os povos do mundo sediados em solo brasileiro"
(Ramatís, *A missão do espiritismo*, 1967).

---

*O médium Zélio de Moraes desencarnou em 3 de setembro de 1975.

Sumário

Prefácio à segunda edição 11
Preâmbulo 13
Apresentação 17
A missão da Umbanda 17

**PARTE 1: FORMAÇÃO DA CONSCIÊNCIA UMBANDISTA
E PRÁTICAS MÁGICAS POPULARES** 19

Capítulo 1: A Umbanda e suas influências
religiosas – indígenas, negras e brancas 21

Capítulo 2: A dualidade do sincretismo na crendice popular:
Orixás santificados, Exus demonizados 42

Capítulo 3: Despachos e "iniciações" com sacrifícios nos ritos
e cultos sincréticos distorcidos 65

Capítulo 4: Preconceitos racistas contra os Espíritos 105

Capítulo 5: Magia c dialética científica 115

Parte 2: Uma perspectiva esotérica da Umbanda 125

Capítulo 6: Origem cósmica e universal da Umbanda 127

Capítulo 7: Mediunismo e surgimento da tela búdica 133

Capítulo 8: Escolas filosóficas orientais e gênese umbandista 143

Capítulo 9: Correspondências vibracionais das sete dimensões
do Universo com os raios cósmicos ou Orixás,
os corpos sutis e os chacras 157

Parte 3: Refletindo sobre a Umbanda 165

Capítulo 10: A Umbanda 167

Capítulo 11: Exu, o grande paradoxo na caridade umbandística 170

Capítulo 12: Apelo mágico da iniciação:
raspar a cabeça e deitar para o santo 173

Capítulo 13: Está faltando mediunidade na Umbanda? 175

Textos adicionais 177

Palavras finais do médium 178

Nascimento da Umbanda e centenário do advento 180
do Caboclo das Sete Encruzilhadas 180

Projeto Divina Luz na Terra 187

Referências 190

Prefácio à segunda edição

Prezado leitor,

É uma alegria poder reeditar a obra *A missão da Umbanda*, um ícone da literatura umbandista. Ela abarca aspectos profundos do esoterismo da Umbanda à luz da Religião Eterna, o fio único que tece o colar de todas as religiões na Terra. Psicografada em 2005, permanece atualizadíssima nos saberes a que se propõe nos elucidar o mestre Ramatís. Aliás, esta é uma característica dos genuínos instrutores espirituais: educar-nos além do tempo que vivemos, aumentando-nos o discernimento sobre a real e verdadeira constituição de nosso ser, espiritual em essência e atemporal, mas momentaneamente condicionado à impermanência fugaz da matéria e esquecido de sua origem cósmica – esta, sim, permanente e imutável.

A presente edição contempla o Novo Acordo Ortográfico, que trouxe algumas alterações significativas à nossa maneira de escrever. Ainda, por orientação do próprio Ramatís, revimos o uso da flexão verbal de 2ª pessoa do plural, não usual nos dias atuais, passando-a para a flexão verbal da 3ª pessoa do plural, como falamos e lemos habitualmente, fazendo com que o entendimento da mensagem de Ramatís fique mais palatável ao adepto umbandista e buscador espiritualista universalista de agora. Todavia, preservamos os conteúdos, que é o que verdadeiramente importa. Resta esclarecermos que os Espíritos instrutores da humanidade são livres dos maneirismos de época, peculiares à fala e à escrita, tão comuns aos saudosistas do passado e que se encontram apegados aos hábitos cotidianos de antigamente, o que os faz avessos à mudança. Logo, o que tem importância a esses abnegados professores das almas, que se comunicam com os médiuns pelo pensamento puro, é que compreendamos seus ensinamentos, sem impor-nos uma linguagem pretérita, fora do contexto da presente época.

Desejo a todos uma boa leitura e que a Luz libertadora da consciência de Ramatís auxilie-nos a expandir e clarear nosso discernimento.

Axé, Saravá, Namastê!

Norberto Peixoto
Porto Alegre, 10 de outubro de 2024.

Preâmbulo

Observamos na Umbanda praticada nesse Brasil-continente grandes magos, supremos sacerdotes dos mistérios, regentes dos tronos, pai ou mãe donos dos Orixás. E assim, este caboclo atlante enfeixado na vibratória de Ogum olha para o fundo do terreiro e enxerga lá, sentadinho e agachado num cantinho discreto, um(a) Preto(a) Velho(a) iluminado(a) que nunca encarnou na Terra dos homens, Espírito transmigrado de Sirius, como tantos outros humildemente escondidos atrás de uma aparência frágil de negro curvado, adotando mais um nome simbólico de João, Benedito, Tomé, Guiné, Maria Conga, Catarina, Benta..., que os colocam como mais um tio, vovô, tia ou vovó, despersonalizando-os e liberando-os da escravidão do ego inferior. Esse discreto Espírito que se molda na forma de um pai velho derrama lágrimas geradas do amor que sente pela Divina Luz e pelos descaminhos atávicos dos homens que se envaidecem no pequeno Planeta Azul.

Nesse momento, pensamentos comuns se fixam fazendo-nos refletir em uníssono:

- Umbanda não é grandiosidade de magos, é diminuição de vaidades diante das equânimes leis evolutivas;
- Umbanda não é mistério, é simplicidade;
- Umbanda não tem magno trono, tem toco de preto velho;
- Umbanda não tem cetro de poder, tem o balanço do caboclo;
- Umbanda não dá curso pago, ensina gratuitamente os segredos;
- Umbanda não tem pastor de rebanhos, conduz à autoiniciação, resgatando a criança divina interna de cada um;

- Umbanda não tem insígnia sacerdotal que exalta, e sim vontade de servir o próximo que iguala;
- Umbanda é caridade e não mata pelo Orixá, ela vivifica os seres na vibração de exu guardião;
- Umbanda só tem um maioral, Jesus, o Mestre dos mestres, que se igualou aos excluídos dos templos e das religiões de outrora.

As lideranças da Umbanda devem aprender a ouvir as muitas vozes de Aruanda que expressam sua diversidade, sabendo interpretar a dinâmica de seu movimento, canalizando-o para a convergência que unifica. As diferenças de ritos e formas não devem separar e excluir, e sim aglutinar e incluir. Sua força sonora, unificadora, vem de baixo para cima, de todos os aparelhos e terreiros para os líderes, por meio de centenas de milhares de Espíritos que se comunicam pela voz do canal da mediunidade e que labutam pela caridade. Ao contrário, serão poucas vozes para muitos ouvidos – do cume para o sopé da montanha –, tentando dominar, impor rituais, liturgias ou doutrinas, gerando a divisão separatista em vez do respeito às diferenças que os unem.

A Umbanda dá oportunidade a todos para auxiliarem na caridade e para evoluírem, assim como permite que todas as raças, indistintamente, labutem em seus templos, seguindo um compromisso recíproco que refulge sobre as frontes movidas pelo sentimento amoroso de amparo ao próximo. A Umbanda fica acima das temporalidades que separa, sendo a favor da perenidade espiritual que nos liga à grande fraternidade universal movida pela maior das religiões: o amor.

Essa religião não terá codificação ortodoxa. Cada vez mais terá verdades consagradas, amplamente praticadas à luz da razão e do bom senso, verdadeiros códigos de amor fundamentados em uma ética universalista, coletiva e convergente. Não existe uma única verdade, e a diversidade umbandista por enquanto não consegue interiorizar nos corações iludidos, em toda a plenitude de sua psicologia convergente, a unidade do amor que não separa, e sim une nas diferenças.

Faz-se sumamente importante o movimento de convergência, amainando as personalidades e suas ilusões transitórias, mesmo que muitas consciências não sintam a inexorabilidade dessa vibração cósmica, em uma repetição atávica de comportamentos do Espírito, como, por exemplo, no passado quando condenaram os que defendiam a translação da Terra. As verdades universais não se apressam, pois requerem o tempo necessário no plano da matéria para serem percebidas plenamente, e a quantidade de encarnações do Espírito será proporcional a essa compreensão.

A influência das práticas mágicas populares, tão arraigadas na relação com o "divino", é atrito que imanta Espíritos encarnados com o Astral, enredando-os em novelos de difícil solução, diante do total descaso com as leis universais de causa e efeito. Trata-se do magismo potencializado no aspecto negativo, em proveito próprio, contra o merecimento do próximo. Vale menos a vontade dos verdadeiros Orixás do que a de quem aluga a força mental do "grande" mago, a mão regiamente paga que segura a faca afiada habilmente ceifadora da vida, imprimindo um corte fatídico no animal ofertado. É o sacerdote quem derrama o sangue quente totalmente desrespeitoso diante do livre-arbítrio do irmão ao lado.

Em uma recorrência cósmica e temporal da terceira dimensão, muitos dos que vieram para a Terra há milhares de anos*, ficando alojados nos planos densos da subcrosta umbralina, agora novamente irão para outro orbe mais atrasado, pois as faixas vibratórias do planeta estão se alterando irremediavelmente, e isso denota a força da natureza em transformação.

Quanto aos repetentes costumeiros da escola primária terrícola, as hostes espirituais da Umbanda intercedem nas sombras, clareando os charcos trevosos, fazendo ressoar as trombetas de Ogum, que sinalizam a nova era que vibra no início do terceiro milênio, após o advento do Cristo-Jesus. Haverá, irremediavelmente, remoções de comunidades umbralinas para outros orbes, assim como outras chegam, mantendo equilibrados os ciclos e ritmos cósmicos, particularizados na aura planetária de cada astro por sua frequência eletromagnética específica.

O crescimento da Umbanda, ou seja, o processo de inclusão social do culto nascente na coletividade urbanizada após o período colonial, é movido por refinada psicologia do Astral Superior. Oportuniza indispensável refrigério para almas desafetas desde idos remotos – dominados e dominadores, escravos torturados e senhores despóticos –, equilibrando a balança da Justiça cósmica, que determina o ciclo carnal como abençoado desbaste das inferioridades espirituais. O que aos seus olhos parece desventura, é justa experiência retificadora para Espíritos rebeldes que extrapolam as estreitas portas das religiões terrenas; são retalhos que estão vagarosamente sendo costurados na colcha que religará os Espíritos com o Eterno.

---

*Exilados de outros orbes que, enquistados na rebeldia contra a Lei da Evolução, tornaram-se líderes das trevas, ensaiando sempre a dominação do planeta.

A compreensão da origem cósmica da Umbanda, de seu esoterismo e gênese, fortalecerá a convergência de todas as doutrinas na Terra, expressadas nas escolas orientais e ocidentais. Mudam os nomes, permanecem por ora os preconceitos, mas a essência divina é uma só, independentemente de como os homens a denominam em sua estreita religiosidade. Tudo se transforma no Cosmo, e nada é definitivo. Cada vez mais os rituais externos voltam-se para o interno. Por sua vez, os filhos da fé umbandista, interiorizando-se, descobrem aos poucos o Deus vivo dentro de cada um, levando-os inexoravelmente a concluir que Ele em tudo está e tudo é. Esse estado de consciência, de todos no Um e um no Todo, acalma as consciências, fazendo-as concluir que só de mãos dadas, cultivando o amor, é possível se libertarem da prisão das reencarnações sucessivas.

Ao mesmo tempo, do Alto, provindo do triângulo fluídico que sustenta a Umbanda – formas astrais de Pretos Velhos, Caboclos e Crianças –, condensam-se os sete raios cósmicos, ditos Orixás, aspectos do Incriado, espargindo suas vibrações divinas sobre todos os terreiros, manifestando-se nos médiuns por intermédio dessas entidades estruturais e, ininterruptamente, abrigando no plano oculto todas as formas utilizadas pelos Espíritos para se manifestarem no meio denso. Os Orixás propiciam a manifestação do Incriado nos planos concretos das formas, interpenetrando e se fazendo sentir por meio dos corpos sutis e chacras dos terrícolas, condição indispensável à evolução da coletividade espiritual retida no Planeta Azul.

É missão da Umbanda ser instrumento de iluminação para despertar o Cristo interno, mostrando que a potencialidade para encontrar o caminho e a verdade do Espírito imortal está dentro de cada um de seus filhos de fé. Não se mostra como o único caminho, ou mais um tratado doutrinário definitivo, mas serve, sim, como mediadora na Terra para auxiliar os que buscam a união com o Divino.

Que esta humilde obra, *A missão da Umbanda*, despretensiosa, porque não inclui nada de novo além dos conhecimentos anotados nas letras dos homens pelo canal mediúnico, ao longo da história terrena, sirva como mais um singelo roteiro de estudo, para que se compreenda a formação da consciência umbandista.

Umbanda, Luz Divina, constante e ininterrupta evolução!
Porto Alegre, 15 de novembro de 2005.
Ramatís

Apresentação
A missão da Umbanda

Embora tenha surgido no Brasil em 1908, com a manifestação do Caboclo das Sete Encruzilhadas no médium Zélio de Moraes, a Umbanda é "mais antiga nos planos rarefeitos que o próprio planeta Terra". Para desvelar sua essência e seus verdadeiros fundamentos, Ramatís retorna à literatura espiritualista e delimita o perfil doutrinário e ritualista dessa religião eminentemente brasileira fundamentada no *Evangelho* do Cristo, que em nada se parece com as práticas mágicas populares e os cultos de origem africana.

Ramatís elucida nesta obra, com a objetividade que lhe é peculiar, o que são verdadeiramente os Orixás e Exus, o que representam os assentamentos vibratórios, o surgimento da tela etérica e sua relação com o mediunismo, as correspondências vibratórias entre os planos do Universo, os corpos sutis, os chacras e os Orixás, as escolas orientais e a gênese dessa religião de raízes cósmicas, os sincretismos e as influências indígena, negra e branca. Além disso, esclarece sobre a realidade oculta por trás dos sacrifícios de animais, prática que nada tem a ver com a ritualística da verdadeira Umbanda, assim como os populares "despachos" nas esquinas urbanas.

Esta obra é, portanto, um relevante marco na trajetória do movimento umbandista e, sem dúvida, uma importante referência para todos os umbandistas sérios e espiritualistas estudiosos.

Parte 1
Formação da
consciência umbandista
e práticas mágicas
populares

Capítulo 1
A Umbanda e suas influências religiosas – indígenas, negras e brancas

As normas de culto ditadas pelo Caboclo das Sete Encruzilhadas servem como balizadores àqueles que estão em dúvida sobre se os terreiros que frequentam são amparados ou não pela Divina Luz.

Ramatís responde

Em suas recentes mensagens e em seus livros, verificamos a preponderância da Umbanda como tema central. Isso é um compromisso elucidativo seu, anterior ao atual médium, ou por influência dele, que é notadamente umbandista?

Anteriormente, abordávamos a Umbanda como "espiritualismo de terreiro".* No atual momento da coletividade terrícola, impõem-nos os compromissos assumidos com nossos Maiorais de que devemos elucidar a Umbanda em sua significação cósmica superior, distinguindo-a das

---
*Na obra *A missão do espiritismo*, psicografada por Hercílio Maes, mais especificamente no capítulo "Espiritismo e Umbanda".

práticas mágicas populares que vicejam nesta pátria, como contribuição ativa para a formação da consciência coletiva umbandista.

Desde os primórdios do planeta, quando se materializou o conhecimento uno trazido de outras latitudes siderais, acompanhamos a evolução dos homens. Agora é chegado o tempo de a Alta Confraria Cósmica que rege a Umbanda elucidar sua elevada significação aos homens, extrapolando a condição de sistema doutrinário mediúnico. Nesse sentido, falta-nos trazer conhecimentos esotéricos da Luz Divina em prol desse projeto maior, esquematizado no Espaço, que traça os desígnios do movimento umbandista em solo terreno.

Quanto ao fato de o sensitivo que ora nos recepciona ser notadamente umbandista, isso se faz necessário. Ele há de nos sentir nos refolhos de seu ser, manter-se equilibrado, vivenciar e praticar a caridade nos terreiros, tendo no Astral a cobertura das falanges de Umbanda, para que consiga recepcionar nossos pensamentos e traduzir o que temos a transmitir. Nada adianta ao oleiro ter o melhor terreno que fornece a mais valiosa argila se não sabe moldar o barro em peça útil de louça. Isso só se consegue com treino árduo no comando da olaria.

É inevitável a influência do instrumento mediúnico consciente, o que diminui nosso esforço, além da preparação que todo médium recebe antes de reencarnar e nas vidas anteriores. Obviamente, as excrescências anímicas que vêm à tona devem levar o atual instrumento a um exercício continuado de vigilância e humildade, a compartilhar e dividir tudo isso com o grupo que o apoia, sob pena de rapidamente se instalarem a vaidade e o impedimento vibratório por recepcionar nossas ideias.

Por ser um Espírito "famoso" no meio universalista, pelo conjunto de livros psicografados com a inigualável sensibilidade de seu primeiro médium, para alguns, o fato de se servir de mais de um sensitivo "desacredita" os novos títulos. Neste momento, em que traz importantes conhecimentos sobre a Umbanda, há espíritas que duvidam da veracidade dessas comunicações por intermédio do atual médium e proíbem seus livros, assim como existem alguns umbandistas que o consideram um "Espírito espírita", portanto seus ensinamentos

não são de uma entidade de Umbanda. Por que seus escritos sempre causam tantas polêmicas?

É nosso compromisso com os Maiorais do Espaço, neste início de terceiro milênio, abordar a Umbanda em concordância com o atual estado de consciência coletiva, confrontando-a com as práticas mágicas populares, contribuindo humildemente para que a convergência no meio umbandista aconteça sem absorver fundamentos distorcidos e inaceitáveis diante do ideal de caridade. Não nos preocupamos em agradar a todos, nem pretendemos ser unanimidade. Jesus, o Maior dos Maiorais, que nos autoriza a labutar na mediunidade caritativa neste orbe, se pensasse de forma contrária não teria deixado Seu Evangelho libertador.

Importa registrar que "nossa" obra não ficou concluída anteriormente por não ser o momento cósmico para essa abordagem da Umbanda, como o é agora. Para tal desiderato, tivemos de preparar o atual sensitivo, desde muito antes desta encarnação. É lógico que todo esse esforço proveio do fato de o corpo físico do médium anterior ter se decomposto diante do inexorável transcorrer dos anos, uma vez que, se estivesse "vivo" no escafandro grosseiro, seria o aparelho ideal, pela grande afinidade que nos une; a memória dessa união se perde entre as incontáveis estrelas do Cosmo infinito.[*]

Em verdade, a "personificação" do Espírito num sensitivo psicógrafo é um mecanismo psicológico de transferência em que o leitor projeta no aparelho mediúnico que recebe as mensagens referências "palpáveis" da Espiritualidade benfeitora. Dado o apego dos homens aos conceitos acomodados na casa mental e uma recorrente indisposição por tudo aquilo que contraria a cartilha doutrinária das religiões definitivas, além das disposições internas caracterizadas pela preguiça de rever opiniões cristalizadas, irretocáveis, há uma ininterrupta vigilância sobre os médiuns quando se trata de nomes "famosos" de Espíritos. Como não conseguem indicar defeitos no conteúdo das comunicações, exaltam as diferenças de estilo, como se o médium intuitivo fosse um robô autômato. Eles preterem a essência pela forma que a transporta.

---

[*]Para maiores informações quanto à preparação dos médiuns afins com Ramatís, seja quando encarnados, seja no Plano Astral, recomendamos o livro *Haiawatha, o mestre da raça vermelha*, de Mariléa de Castro e Roger Feraudy.

A dificuldade maior não está no fato de os Espíritos encontrarem médiuns que consigam sintonizar com eles e que tenham afinidade com suas ideias. Isso acontece anonimamente, todos os dias, nos inúmeros centros espíritas e terreiros de Umbanda. As montanhas a serem transpostas, cheias de pedras no percurso, são os ciúmes velados e as vaidades feridas dos "líderes", doutrinadores famosos, chefes de terreiro e fundadores de centros, que se consideram antigos proprietários dos saberes e dos Espíritos, quando não impõem ao "lado de cá" os conteúdos que devem ser ditados. Esses irmãos se esquecem de que na mediunidade o telefone toca "de cima para baixo". Nenhum médium é dono de Espírito, nem os Espíritos devem ser proprietários dos médiuns. Todos são livres, e cada orientador espiritual utiliza um, dois ou centenas de sensitivos diferentes; quanto maior sua influência, tanto mais dilatada é sua capacidade mental.

Não por acaso, entidades luminares do Espaço, sabendo da dificuldade de a comunidade terrena aceitar novos sensitivos e tendo concluído seus compromissos cármicos de transmissão de conhecimentos doutrinários por intermédio de médiuns que desencarnaram, preferem o anonimato, pois são menos afeitos a temas polêmicos.

Reportando-nos à sabedoria da Divina Luz, afirmamos que, nas hostes umbandistas do Astral Superior, Espíritos "famosos", da envergadura de Joanna de Ângelis, Bezerra de Menezes, Sócrates, Pitágoras, Platão, Saint Germain, Zoroastro, entre tantos outros da Grande Fraternidade Universal, enfeixam-se humildemente "atrás" de mais uma forma ilusória que os iguala, com nomes simbólicos de Pretos Velhos ou Caboclos. Despersonalizam, assim, as referências mundanas dos inseguros humanos, que apegados ao ego inferior, personificam os Espíritos em encarnações passadas como freira, médico ou filósofo de renome, como se eles estivessem aprisionados a um único médium, tal qual um casamento indissolúvel.

Naturalmente, "nossas" obras, pelo universalismo e pela convergência entre todas as doutrinas terrícolas, libertam os cidadãos comuns dos conceitos cósmicos, de acordo com sua índole psicológica avessa a dogmas, fazendo-os se encontrarem com o livre pensador adormecido dentro de si. Obviamente, o universalismo convergente que preconizamos entre todas as doutrinas da Terra, entendendo que as diferenças unem, e não separam, tanto encanta mentes que nos são simpáticas quanto desagrada consciências sectárias.

Assim, qual incansável pescador num rio caudaloso que tira pacientemente os entulhos do anzol, a essência de "nossos" singelos escritos continuará causando polêmica e contrariando os tubarões, "donos da verdade", a fim de retirar o pó das mentes acomodadas e fisgar os pequenos peixes nos mares revoltos, as almas simples levadas pelas correntezas paralisantes das religiões e das doutrinas terrenas que rotulam a forma, excluindo o pensamento e a essência do amor universal.

Alguns "umbandistas" o acusam de ser demasiadamente eletivo, complicando o que é simples, "misturando" conceitos de apometria, teosofia, hinduísmo, maçonaria e rosacrucianismo em seus recentes ensinamentos sobre a Umbanda. O que tem a nos dizer sobre isso?

Se você reside num apartamento em que cada uma das janelas é feita de um material específico e pintada com uma cor distinta, seu endereço deixará de ser o mesmo dos demais moradores do prédio? Obviamente, as opiniões estandardizadas de alguns prosélitos, quando contrariados em seu ideal de Umbanda, podem confundir o que é eletivo com o ser elitista. Sem dúvida, muitos irmãos encarnados que se dizem umbandistas se mostram refratários à diversidade, querendo impor verdades em meio a diferenças, apontando para todos os lados o que é ou não Umbanda, indicando qual Espírito pertence e qual não pertence a suas hostes, transferindo para o "lado de cá" essa guerra de vaidades veladas. Nossos singelos conhecimentos, transmitidos pela mediunidade intuitiva do atual sensitivo, não ousam impor verdades absolutas, tampouco totalizar a Umbanda num elitismo sacerdotal, abstraindo da simplicidade seus usos e costumes, como almejam muitos "magos" e sacerdotes.

O simples conhecimento não significa sabedoria; a sabedoria está na forma como ele é aplicado. Está claro que a busca do saber se efetiva por meio do estudo continuado das verdades cósmicas universais, que independem das doutrinas da Terra, o que os levará a um comportamento de eleição diante da enorme diversidade de conhecimentos espiritualistas registrados na História e contidos na Umbanda.

O "estar" teosofista, maçom, hinduísta, budista, rosacrucianista, espírita ou umbandista é mero rótulo que fragmenta as leis cósmicas na Terra e separa o homem de sua essência, que é "ser" Espírito, iludindo-o com a aparência transitória da personalidade terrena, algemada ao molde da carne. Vibrando na essência permanente da Umbanda, do Alto para a Terra, unem-se Espíritos de Pretos Velhos, Caboclos, Crianças, Exus, hindus, árabes, etíopes, chineses, europeus, negros, vermelhos, amarelos e brancos, que se manifestam aos olhos de vocês por meio de todas as raças que pisaram em solo terreno. O que serão "permanentes" e se farão infinitos, como unidade essencial nas diversas formas de exteriorização da Umbanda, são o amor e a caridade em nome do Cristo.

Para maiores esclarecimentos, é necessária a mecânica de incorporação para que os Espíritos consigam se comunicar com os encarnados? Além disso, é habitual o uso de emissários para transmitir suas mensagens?

Não há necessidade de "incorporação" para ditarmos as mensagens. O acoplamento do corpo astral da entidade comunicante com os chacras do sensitivo, levemente desdobrado, é efetivado durante as consultas na sessão de caridade, ocasião em que necessitamos de enormes quantidades de ectoplasma. Mesmo assim, essa mecânica é feita em conjunto com a irradiação intuitiva, sendo praticamente impossível uma incorporação longa nesses moldes, sob pena de afetar a contextura vibratória dos chacras em seus giros e em suas frequências originais (os Espíritos dos Caboclos e pais velhos têm vórtices vibratórios mais potentes que os dos médiuns, mesmo impondo enorme rebaixamento para serem sentidos).

Para a escrita, utilizamos o corpo mental e o processo da irradiação intuitiva, em que, por meio do pensamento, envolvemos a mente do sensitivo, assim, em estado de inspiração que denota consciência alterada, ele deixa os pensamentos fluírem. Ao mesmo tempo, ele escreve rapidamente, digitando as ideias no teclado do computador, deixando-as fluir com agilidade muito superior àquela que pode ser atingida em estado normal de vigília.

Embora não tenhamos mais um corpo astral*, atuamos seguidamente e com desenvoltura no Plano Astral, por meio dos chamados corpos de ilusão (nos aglutinamos, por nossa força mental, às moléculas astralinas, a fim de formar novos veículos de manifestação, como hindu, caboclo atlante, Preto Velho ou outra configuração que se fizer necessária, para atuar juntamente com os sensitivos). Quanto ao atual instrumento de que nos servimos, isso não se faz mais necessário, uma vez que ele percebe nitidamente nossa vibração e nosso magnetismo peculiares, independentemente de quaisquer formas ilusórias. Essa facilidade de recepção se moldou por muitos séculos, entre várias encarnações, com o exercício mediúnico continuado na Umbanda, na vida atual, indispensável à sua percepção, para ditar diretamente nosso pensamento. Ressaltamos que não é de nossa índole espiritual utilizar emissários para nossa comunicação com os que estão na Terra. Lamentavelmente, vemos muitos escritos circulando nos meios espiritualistas que são improcedentes.

Observações do médium

Certa noite, fiquei até tarde lendo o livro *Fundamentos de teosofia*, de Curuppumullage Jinarajadasa. Esse livro possui excelência didática e clareza de conteúdos raras, diante da grande quantidade de títulos romanescos, repetitivos e superficiais existentes atualmente. Poderíamos ter outros Jinarajadasas encarnados. Fato é que fiquei naquele estado de imersão na leitura, atividade em que sintonizo com certas ondas mentais coletivas com as quais Ramatís comumente atua. É muito gratificante quando isso acontece: sinto uma "estática" no alto da cabeça que me confere uma sensação inefável.

Após as meditações, fui dormir. Estava quase cochilando quando houve um deslocamento repentino de ar ao lado de minha cama, escutei uma espécie de minitrovão, e as venezianas trepidaram. Como num *flash* de clarividência, enxerguei um ovoide pairando no ar, com cerca de 1,5 m de altura por 1 m de largura e profundidade em seu centro. Saindo

---

*Para compreender melhor, consultar a obra *A 2ª morte*, de R. A. Ranieri, pelo Espírito de Altino sob orientação de André Luiz.

da superfície desse corpo, vi vários e intensos raios multicoloridos, com cores belíssimas e indescritíveis. Acredito que, para minha permanente e renovada confiança, fui brindado com essa visão psicomental (a ocorrência não foi notada com os olhos físicos) do corpo causal de Ramatís, que veio me buscar para receber instruções no plano mental. Isso ocorreu efetivamente, e lembro-me de que foi sobre os fundamentos cósmicos do triângulo da Fraternidade Universal, a base de sustentação da Umbanda. Isso me fez refletir sobre quantas discórdias e quantos sectarismos existem entre nós pelas diferenças de formas. Esquecemo-nos de que a essência divina que jaz dentro de nós tem a mesma origem.

Quais as diferenças entre Umbanda e espiritismo?

As peculiaridades que distinguem as práticas espíritas das umbandistas foram aprofundadas em outra obra.* É importante relembrar que a Umbanda é um movimento espiritualista visivelmente diferente do espiritismo, mas com muita sincronia em vários aspectos, tendo em vista que ambos são regidos pelas leis universais que regulam o intercâmbio entre os planos de vida. A Umbanda fundamenta-se na magia e nas forças da natureza manifestadas nos planos das formas (mental e astral), representadas pelos Orixás. Ela não concorre com os centros espíritas, que não permitem símbolos mágicos, cânticos, defumações, ervas, essências aromáticas, fogo, pólvora, velas etc.

O espiritismo preconiza libertar os homens das formas transitórias e não aceita a magia em seus postulados doutrinários. Infelizmente, muitos homens ditos espíritas se consideram melhores, superiores e salvos em relação aos umbandistas, condenando equivocadamente a Umbanda em suas atividades de intercâmbio com o Espaço. Lamentavelmente, muitos dirigentes zelosos da pureza doutrinária, às escondidas, como criança que rouba doce da geladeira, encaminham consulentes, alvos de magia negra, aos terreiros, abafando esses casos dos estudos doutrinários, mesmo que ocorram diuturnamente em seus centros.

---

*A missão do espiritismo, psicografada por Hercílio Maes.

Essa ênfase na Umbanda não contraria seu compromisso de trazer os conhecimentos do Oriente para o Ocidente de forma palatável ao racionalismo ocidental, pouco afeito a símbolos e ao esoterismo?

A Umbanda é dinâmica e se adapta aos prosélitos em seus anseios espirituais, desapegada de dogmas intocáveis e engessamentos doutrinários. Neste um pouco mais de 100 anos de existência da Umbanda, período cíclico de sua afirmação, para angariar o máximo de fiéis no menor tempo possível, suas lideranças terrenas não se preocuparam em buscar uma unidade doutrinária mínima. Ela vicejou num meio caracterizado pela variedade de ritos, cultos e símbolos que tendem à "umbandização", acrescidos do sincretismo, como "aval" para a inclusão urbana e social num hábitat cultural predominantemente católico. Obviamente haverá continuação desse movimento de forma mais digna, ficando a doutrina de Umbanda "depurada", sem traumas ou imposições das lideranças, fato essencial para sua estabilidade; doravante, isso ensejará constante estudo, no sentido de conduzi-la, no plano físico, a um conquistado e merecido conceito de religião estruturada, a serviço da coletividade encarnada e desencarnada da pátria verde e amarela.

A Umbanda é produto da evolução espiritual, como tudo no Cosmo. Estando suas origens contidas nas filosofias orientais, com fragmentos mais ou menos acentuados, dependendo de sua origem étnica e geográfica, quanto mais vocês pesquisarem sobre os cultos que deram origem às religiões, do mundo antigo e primitivo ao civilizado e cosmopolita, mais facilmente poderão constatar a procedência e veracidade dos fundamentos umbandistas, desde os idos da antiga raça vermelha, na Atlântida. Desse modo, conseguirão perceber a Sabedoria Divina nessa reunião das práticas e crenças dos índios, negros e brancos do Brasil, que vibra em harmonia com nossos compromissos assumidos no Espaço, neste momento consciencial da coletividade terrena, consoante a nova raça que se formará na crosta, fraterna e universalista, num amálgama entre as culturas e filosofias do Oriente e do Ocidente.

Sua maneira direta e sem rodeios de abordar assuntos polêmicos que outros autores espirituais se eximem de elucidar, num universo caracterizado pela diversidade de ritos, não ocasionará interpretações

melindrosas e posturas de parcialidade doutrinária de alguns confrades, líderes da Umbanda?

A profícua cultura dos umbandistas, de imparcialidade e de não estabelecer julgamentos belicosos diante da diversidade, não deve levar vocês à passividade letárgica que se isenta de apontar desvios estruturais na Umbanda praticada na Terra, tampouco fortalecer o temor de ressentimentos e melindres de irmãos de seara. O conhecimento das leis universais estimula aqueles que o detêm. Seres do "lado de cá" indicam fraternalmente o respeito às diferenças, mas sem renunciar às diretrizes e aos princípios básicos que norteiam a Umbanda: o amor e a caridade crísticos. Dessa forma, os Maiorais da Grande Fraternidade Universal estão engajados nesses esclarecimentos e nos autorizam a continuar laborando em prol da ampliação do discernimento dos terrícolas. O momento está de acordo com o merecimento coletivo da comunidade encarnada, principalmente quanto à elucidação dos aspectos sociológicos e cósmicos da Umbanda. É necessário ampliarmos o entendimento do mediunismo, que não se limita ao espaço da porta de acesso para dentro dos terreiros, mostrando as distorções ritualísticas que aconteceram no processo de inclusão social, nas comunidades da religião nascente, além dos aspectos esotéricos no plano espiritual, em que a Umbanda é movimento doutrinário arquitetado do Plano Astral para a Terra.

É claro que nosso labor mantém os fundamentos verdadeiros existentes, trazidos pelos diversos canais sérios e fidedignos da Espiritualidade, tendo em vista que o novo não destrói o que está estabelecido, mas apenas o amplia. Assim, almejamos sacudir a paralisia enraizada em algumas lideranças religiosas da Umbanda, desarrumando as mentes acomodadas e parciais, em conformidade com a harmonia cósmica de um universo dinâmico onde tudo se transforma ininterruptamente, de acordo com as leis universais imutáveis.

A Umbanda é uma religião brasileira ou afro-brasileira?

Inquestionavelmente, a Umbanda nasceu em solo pátrio, abrigando influências religiosas indígenas, negras e brancas. Unem-se em suas práticas, tal como está estruturada atualmente, em doutrina mediúnico-espiritualista de terreiro, Espíritos de Caboclos, Pretos Velhos e

Crianças, além de todas as outras formas e "raças" espirituais que as entidades do Plano Astral utilizam para fazer a caridade, tendo em vista que a Umbanda é guindada à universalidade no intercâmbio mediúnico, preponderantemente com influência africanista, em seu aspecto positivo, benfeitor.

É o contrário da rotina fetichista e atávica dos ritos de alguns terreiros eminentemente de cultos africanos e indígenas já distorcidos dos rituais ancestrais das nações e tribos originais de que são procedentes, o que pode ser denominado de práticas mágicas populares. Essas não se enquadram nas "normas" do culto umbandista ditadas pelo missionário e luminoso Caboclo das Sete Encruzilhadas, particularmente quanto à gratuidade, dispensa de oferendas votivas com sacrifícios animais e a não utilização de sangue ritualístico.

Respeitosamente, e sem excluir nenhuma forma de mediunismo que almeja a caridade com o Cristo, diante da saudável diversidade da Umbanda, faz-se necessário, neste momento da formação da consciência coletiva umbandista, a distinção das *práticas mágicas populares*, distorcidas diante das leis de causalidade que regem a harmonia cósmica, do verdadeiro movimento de Umbanda, que se espraia na Terra provindo do Espaço com a finalidade de interiorizar nos corações o "Espírito" da caridade.

As normas de culto ditadas pelo Caboclo das Sete Encruzilhadas servem como balizadores àqueles que estão em dúvida sobre se os terreiros que frequentam são amparados ou não pela Divina Luz.

Está claro que toda sorte de mediunismo tem um valor diante da inexorável evolução dos seres, desde que a cada um seja dado em conformidade com seu merecimento e afinidade, necessidade de retificação e capacidade de assimilação, nada se perdendo do rumo do Pai. Ao público espiritualista que nos é simpático, impõem-nos os compromissos assumidos com os Maiorais do Espaço para ditar elucidações, ampliando o discernimento das coletividades encarnadas que leem nossas obras.

Assim, esclarecemos que há tipos de rituais confundidos com a Umbanda, como, por exemplo: a pajelança, um tipo de xamanismo brasileiro em que o pajé incorpora em transe ritual com beberagem de ervas; o tambor de mina, em que se misturam cultos de diversas nações africanas com a pajelança para dar passagem às entidades de cura e para "tirar" feitiço; o catimbó, em que a fumaça da queima de certas folhas oferece êxtase, dando poderes "sobrenaturais" ao pajé e colocando-o em comunicação com os Espíritos; o ritual de Jurema, em que os "juremeiros" manifestam índios ousados, violentos e ardilosos ostentando enfeites de penas, cocares, tacapes, arcos e flechas, dançando em rito exterior que arrebata as populações carentes de assistência social e saúde, com suas ervas e raízes curativas, apresentando proezas fenomênicas entre fogo, brasa e cacos de vidros; e os rituais africanistas descaracterizados das matrizes ancestrais das antigas nações.

Não se iludam com as aparências espirituais, em que Espíritos com formas astrais símiles aos da verdadeira Umbanda nas apresentações e completamente diferentes de sua essência caritativa alimentam-se energeticamente em ritos "iniciáticos" sanguinolentos, regalados entre danças e acepipes de pedaços de animais sacrificados e farofas, finamente temperados, que enchem as covas estomacais qual enterro famoso em átrio sepulcral, tudo pago para o bem-estar dos médiuns e consulentes. Afirmamos que nada disso é Umbanda, enquanto movimento plasmado pelo Cristo Cósmico, que se irradia para a crosta terrícola do Astral Superior.

Umbanda é uma verdade que independe da vontade e das suscetibilidades feridas de lideranças sacerdotais que conspurcam seu nome sagrado com práticas que não são condizentes com a caridade referendada no Evangelho de Jesus.

Por outro lado, reconhecemos a existência de variados ritos, usos e costumes na Umbanda; alguns um tanto fetichistas, outros um pouco distorcidos: aqui um grito exagerado, ali uma apoteose dispensável, acolá um médium envaidecido com o guia "infalível", o consulente desejoso do milagre em seu favor, doa a quem doer. O hábil jardineiro do tempo extrai delicadamente os espinhos para não ferir as mãos. Nem tudo são belas e perfumadas rosas no jardim dos Orixás. No atual movimento umbandista, isso é explicável pelo fato de não termos padronização ritualística ou codificação, o que, por sua vez, acaba "enxotando" os dogmas, tornando o movimento dinâmico e sempre em evolução, como tudo no Cosmo. Oxalá e seus ditames preveem o *equilíbrio nessa diversidade*.*

É oportuno registrar que os costumes africanistas tribais de religiosidade ancestral aportaram no Brasil com acentuadas distorções de suas práticas originais. Já eram atacados pela Inquisição antes de as levas de escravos capturados serem jogadas nos fétidos porões das naus portuguesas. Via de regra, isso foi intensificado aqui pela continuidade da opressão do clero, que redundou em várias outras adaptações, com raras exceções que conseguiram manter os ritos primários incólumes.

Impôs-se uma necessidade de sobrevivência da população negra explorada, "liberta" com a Lei Áurea, que ficou excluída do contexto social e entregue à própria sorte, sem nenhum apoio do Estado monárquico, que se curvava ao controle de um catolicismo arcaico e perseguidor (ambos se beneficiaram da pujança econômica oferecida pelo braço escravo). Finalmente livres, os negros se viram sem as moedas dos patrões que os alimentavam, sem o mínimo para a manutenção de suas vidas. Foram, circunstancialmente, "obrigados" a cobrar pela magia curativa que faziam gratuitamente aos sinhôs e às sinhás no recôndito das senzalas de chão batido. Eram estimulados pelos constantes pedidos dos próprios homens brancos, que furtivamente saíam das missas e procuravam as choupanas dos ex-escravos alforriados, os quais subitamente se viram transformados em ilustres magistas de aluguel.

Distorceram, portanto, as leis divinas, resultando no vil mercantilismo religioso que viceja culturalmente em todos os recantos desta

---

*A obra *Fundamentos de teosofia*, de Jinarajadasa, elucida a questão da "diversidade" – tão vívida na Umbanda – diante do grande plano de evolução engendrado pelos engenheiros e arquitetos siderais: "[...] existe um processo evolutivo em incessante atividade; a conversão do Uno em Muitos. Não é um processo em que, nos Muitos, cada qual luta para si, mas em que cada qual chega à compreensão de que a sua mais alta expressão depende do serviço prestado a outros, por serem todos Um. A nota fundamental da evolução da forma não é uma série de partes semelhantes, simplesmente justapostas, mas um todo constituído de partes dessemelhantes em que uma depende das outras. E a nota fundamental da evolução da vida não se limita a um único temperamento, um único credo, um único modo de adoração, mas tem por característica a diversidade de temperamentos, de credos e de maneiras de servir, que se unem todos para cooperar com o Logos – Deus – e se lançarem na realização do que Ele planejou em relação a nós". Diz-nos Ramatís: "Enquanto não praticarem o Espírito de cooperação e respeito fraterno entre as religiões e doutrinas da Terra, possivelmente continuarão retidos no ciclo vicioso das reencarnações sucessivas. O que rejeitam e excluem com o fel do preconceito de hoje influencia decisivamente o ser, onde e como voltarão ao vaso carnal no futuro. Cooperação e respeito fraterno sem exclusões – que não os leve a ter receio de indicar o que não é Umbanda, pois é convivendo em harmonia nas diferenças que amadurecerão espiritualmente. Os prosélitos que os agridem, quando assim os intuímos, não se mostram consciências preparadas para interiorizar e sentir a essência que sustenta a Umbanda: fazer a caridade".

nação atual, formando o carma grupal a ser queimado no futuro, assim como foi no passado.

Afinal, quando nos vestimos com a roupagem transitória de Pai Benedito, perfilado na linha de frente da Umbanda, não fazemos a magia branca de raiz, ancestral e originária do Congo, da Angola, da Etiópia, do Egito ou dos velhos templos da Luz de nossa remota e saudosa Atlântida? A magia que praticamos do "lado de cá", apátrida, referendada por leis cósmicas universais e imutáveis, não é atingida pelas ilusões dos homens, que infelizmente se perpetuam, pelos equívocos que passam de geração a geração, ao longo das encarnações sucessivas nesta pátria verde e amarela.

Historicamente, na África, o indivíduo se destribaliza, deixando nas lembranças de seu passado os cultos e ritos ancestrais quando se transfere para as cidades, adotando rapidamente novos costumes religiosos. No processo de "migração" dos negros para o Brasil, isso não ocorreu. Por que essa inversão de comportamento?

A manutenção das crenças nativas africanas pelos grupos raciais que vieram "migrados" (escravos) apresentou-se como uma maneira de sobrevivência inglória. Na verdade, era uma expressão de revolta contra a nova condição imposta pelo dominador branco. O relho nas costas e as repetidas chibatadas faziam curvar o corpo físico sob o guante doloroso das muitas horas de trabalho ao sol, mas não curvavam o Espírito dos sacerdotes iorubás, angolanos e jejes. Os rituais e cultos de harmonização com as forças vivas da natureza, praticados no interior da África, onde os negros podiam conviver com a força dos Orixás e senti-las, encontraram forte similitude com a geografia brasileira, rodeada de matas, montanhas, lagos, cachoeiras, rios e mares.

O homem que deixava a tribo para buscar vida nova na cidade, por sua vontade, desejava ser considerado incluído na nova sistemática social, tendo outra religião como fator relevante e de "progresso", o que favoreceria seus contatos e relacionamentos. Ao contrário, no solo verde e amarelo do enorme Brasil a ser conquistado, o escravo não teve opção de escolha exterior, diante da subjugação do escravizador, e se apegou interiormente às suas lembranças, como forma de adquirir ânimo para suportar os males, o que o fez ser radicalmente fiel às suas origens. Dentro das senzalas imundas, as diversas religiões africanas se conectavam com os Orixás por meio dos cânticos velados e transes rituais, servindo como verdadeiros exaustores psicoemocionais da negritude. E juntamente com a utilização milenar das ervas, mantinham a saúde de seus membros.

Não sabiam todos os envolvidos que as tradições preservadas estavam de acordo com os ditames cósmicos que impunham o enredamento cármico dessas várias tribos negras com a raça branca, em que o excesso de hoje, para muitos, foi a ausência de ontem para outros tantos. O negro dominado e submisso de agora foi o dominador orgulhoso de antigamente, nas conquistas fratricidas de novos territórios; aquele que é perseguido e rejeitado hoje também realizou tal feito no passado.

Houve perfeito equilíbrio do calendário divino, ocasionando sábia inversão de papéis que levou Espíritos endurecidos à retificação nas leis espirituais, as quais se estendem indistintamente sobre todos, independentemente de raça e cor da pele, pois são aspectos transitórios, em favor da perenidade do amor que perdoa, e não subjuga.

O Brasil tem larga tradição católica, originária preponderantemente de Portugal, país de extrema devoção aos santos, com os quais os fiéis estabelecem relação de favor sempre em troca de algo, presumindo "intimidade" com as coisas do sagrado. Isso não é intensificado na Umbanda?

A fé católica nos santos e milagres era comum aos portugueses que aportaram no Brasil. Os lusitanos acostumados às "rezadeiras", com promessas aos santos padroeiros, seus intercessores divinizados, acreditavam que seus pedidos eram levados mais rapidamente a Deus. Na luta dos conquistadores contra os índios selvagens e os negros sem alma*, pela

---

*Os negros e índios passaram a ter alma, para a Igreja Católica, a partir de 1741, com a bula papal *Immensa Pastorum*, selada pelo papa Bento XIV, que declarava que essas raças, apesar de infiéis, eram receptivas à conversão como todas as outras. A aceitação das almas dos negros e índios simboliza a imposição da Espiritualidade branca do catolicismo sobre as concepções originais dos escravos e silvícolas, que se apresentavam de fé inabalável, profundamente aferrados a seus mitos e rituais milenares, os quais foram combatidos ferrenhamente com muitos assassinatos que "contribuíam" para os "Céus" na extinção dos "endemoniados" da Terra, que não aceitavam a catequização imposta.

preservação da povoação dos territórios, invocavam os santos guerreiros, como Santo Antônio, São Jorge, São Sebastião e São Miguel. Contra as doenças de pele, a tuberculose e a hidrocefalia, entre tantas outras enfermidades da época que acometiam seus familiares, reivindicavam apoio dos Céus por meio de ladainhas e autoflagelações a São Roque, São Brás e São Lázaro; das mulheres, como bom comportamento, exigiam que durante as missas intermináveis ficassem ajoelhadas, orando à Virgem Maria, em suas aparições como Nossa Senhora das Dores, da Conceição, do Parto, característica das famílias patriarcais portuguesas que elegiam a pureza de Maria como modelo de comportamento para suas moçoilas e matronas.

Na verdade, o catolicismo colonial é profundamente mágico e místico. Mesmo o clero proibindo as superstições pagãs, taxadas de heréticas em plena vigência inquisitorial, o discurso doutrinário não pregava a inexistência dos fenômenos ocultos e milagreiros. De maneira velada, os clérigos incentivavam essas práticas mágicas de apelo ao divino para conseguir benesses materiais, desde que a intervenção ao sobrenatural na vida dos crentes fosse propriedade da Igreja e por ela patrocinada.

Assim, bentinhos, figuras e medalhas de santos, depois de benzidos pelos sacerdotes e colocados debaixo de travesseiros e colchões, detinham poderes miraculosos. Quando costurados em pequeno pedaço de pano, viravam amuletos poderosos contra as forças maléficas do demônio. Ter em casa um vidro de água benta garantia proteção contra os maus Espíritos, bastando espargi-la nos cantos, entre cânticos. As fitas cortadas e abençoadas pelos padres nas missas dominicais, se amarradas na cintura do crente, removiam dores, nevralgias e problemas de coluna. Para as almas alcançarem os Céus, além da imprescindível extrema-unção, quanto mais velas, novenas e ladainhas fúnebres, maiores seriam os portões de entrada do paraíso.

Todo o fascínio mágico do catolicismo se confundia com a missa dominical: as rezas ritmadas, os sinos e campânulas, o altar com ossos e pedaços de roupas dos santos, a purificação pela fumaça aromática dos incensadores, os anjos e querubins retratados na abóbada celestial nos tetos das capelas, sob os olhos intimidados dos crentes pedintes, tudo isso estabelecia uma fascinação mágica de que as lideranças eclesiais se aproveitavam para reprimir fiéis, convertê-los e atraí-los.

Os negros e índios das cidades, proibidos de entrar pela porta principal das igrejas, eram acomodados em pé nas laterais, aos fundos (os melhores lugares eram da nobreza branca), e ficaram totalmente submetidos à religião do conquistador português, sendo convertidos, porém preservando sua religiosidade original, sem perda da fé ancestral.

Nos dias atuais, na Umbanda, essa relação de troca mágica entre os consulentes pedintes e os Espíritos é ainda visível. De fato, a grande aceitação das tradições afro-ameríndias amalgamadas com o espiritismo e os santos católicos penetrou intensamente na alma mística do brasileiro: existe um infindável número de terreiros umbandistas e centros universalistas em que é possível o estreitamento do contato com os Espíritos dos mortos, criando uma relação mágico-religiosa personalizada pelo transe mediúnico. Nela, deságua o carma grupal que envolve as individualidades encarnadas e desencarnadas em busca de redenção espiritual, pois todas estão retidas no orbe terrícola, impedidas momentaneamente de alcançar o passaporte cósmico que as levará a novas paragens espirituais. Como dizem os Pretos Velhos em suas mensagens simples e de grande sabedoria: "[...] quando a pedra aperta no sapato, há de se parar um pouco para aliviar a dor no pé, podendo o filho continuar depois a caminhada".

Considerando o mediunismo de forma ampla, o qual não se restringe à Umbanda, não se deixem enganar, tendo em vista que as preces veladas, as posturas silenciosas e compungidas de muitos espíritas e espiritualistas da "Nova Era" são recheadas de pedidos íntimos e secretos de apelo materialista, além de muito escassos no merecimento, de acordo com as leis de causa e efeito e respeitando o livre-arbítrio do próximo. Na relação individual com o plano espiritual, são inevitáveis os maneirismos e condicionamentos mentais arraigados no inconsciente, como podem deduzir ao se avaliarem em seu íntimo.

É fato que Espíritos originários de outros orbes, que aqui aportaram desde os primórdios do planeta, depois da decadência atlante, com o passar dos séculos vieram a originar nações indígenas brasileiras

que herdaram suas tradições mágicas, rituais e curadoras, atualmente canalizadas nas falanges de caboclos da Umbanda?

No início dos tempos em seu planeta, época em que o orbe era uma massa ígnea coberta de vapores sulfurosos, a região que se solidificou mais rápido, tendo despontado posteriormente na superfície, foi onde hoje está localizado o Brasil. Na escala geológica do planeta, isso propiciou que a primeira crosta terrestre emersa do oceano primitivo fosse a pátria verde e amarela. Tal região foi a que se formou mais rapidamente, oferecendo condição propícia, na natureza que se forjou, para a encarnação de Espíritos extraterrestres no ciclo hominal terrícola. Assim, podem concluir que as tradições mágicas e xamânicas que nasceram nas tribos brasileiras de antanho antecederam todos os demais ciclos reencarnatórios que se efetivaram.

Na verdade, essa "porta" de entrada espiritual planetária originou o conhecimento em todas as outras raças, nações e tribos antigas, não só da indígena formada primeiramente. Os payés (pajés) interpretavam os astros, liam as energias irradiadas e, por meio da natureza e do intercâmbio psicoastral com entidades incorpóreas de outros orbes, que vieram em suas vimanas (naves) intensamente, até o auge da Atlântida, adquiriam instruções e eram governados do Espaço.

Com certeza, a Umbanda pratica essa herança mágica ancestral, seja de Caboclo, Preto Velho ou oriental; as aparências dos Espíritos são meras formas, e uma não é melhor que a outra. Os conhecimentos milenares ficam registrados no Espírito e independem da nação, tribo ou raça, desde que isso se configure como ilusões, impressões transitórias do vaso da matéria que abriga uma coletividade encarnada.

Obviamente, os Espíritos que se enfeixam nas aparências de Caboclos, ligados à antiga raça vermelha, assim o fazem prioritariamente para impressionar mediunicamente os embotados sentidos psíquicos humanos, e não pelo fato de serem herdeiros das tradições mágicas, rituais e curadoras, uma vez que as outras "raças" dos Espíritos também o são e que a vertente que a trouxe é e foi uma só e se espargiu pelas migrações provocadas ao longo da história e geografia terrenas.

Qual a razão de muitos dos mitos e das histórias das tribos indígenas e das nações africanas contadas de geração a geração serem semelhantes, mesmo que transmitidos em épocas diferentes e com personagens peculiares a cada cultura, mantendo vivos os conhecimentos dos Orixás?

No passado das civilizações, seja na Atlântida, Ásia, África, Europa, ou nas Américas, reencarnaram os mesmos Espíritos, em várias ocasiões. Eles traziam no inconsciente, o qual não se reportava às cores das peles ou raças que os abrigavam provisoriamente nos corpos físicos, a sabedoria antiga dos iniciados extraterrestres. Ocorre que a transmissão dos saberes ocultos sempre foi velada, um tanto misteriosa ao homem comum, preocupado em saciar a fome e sem tempo para maiores abstrações filosóficas. Seria perigoso o magismo praticado pelos magos nos templos, se fosse aberto a todos.

Por esse motivo, os Senhores da Luz Velada, Espíritos de escol de outros orbes que velavam pela transmissão dos conhecimentos mágicos, quando encarnados como instrutores atlantes, hierofantes egípcios, mahatmas indianos, pajés sul-ameríndios ou sacerdotes tribais africanos, preservaram o saber tecendo histórias que viraram lendas para o povo, numa versão popularizada para as mentes brutas, tornando esse saber "palatável" oralmente à interpretação esotérica superficial das leis divinas que regem o micro e o macrocosmo. Fixaram em santuários, pirâmides, criptas e cavernas o que não era acessível ao primitivismo do povo absorvido pela sobrevivência num cotidiano inóspito.

Imaginem centenas de poços na crosta que saciam a sede das populações locais, em que os muros e telhados que enfeitam sua superfície são diferentes, mas a água da fonte que os enche é igual em todos os locais. Assim é a Umbanda: diferença nos terreiros não significa desigualdade perante os Orixás; ela os une numa mesma essência, e não os separa na ilusão das formas.

Existem Espíritos tupis-guaranis que são caboclos de Umbanda: Tupinambá, Tupiara, Tupiaçu, Tupimirim, entre outros. Muitos ainda falam o nheengatu e pertenceram às tribos mais evoluídas do

planeta. Como explicar uma civilização tão antiga falar um idioma considerado desenvolvido pela linguística, inclusive se comparado com as línguas atuais?

O som é pensamento, e a sonoridade verbal o expressa. As imagens mentais antecedem a ideia e sua verbalização. Somente Espíritos de grande conhecimento poderiam se adaptar a um idioma como o falado pelos tupis-guaranis. Essa tribo "primitiva" não era monossilábica, e seu vocabulário era expressão das consciências espirituais extraterrestres, com os quais mantinham sintonia e de quem eram procedentes. No plano hiperfísico, atuavam os regentes dessa raça, Espíritos de escol que vieram de Sirius para a Terra trazendo o intercâmbio com o mundo rarefeito interdimensional. Os Espíritos que atuam na Umbanda, descendentes do portentoso tronco tupi e originários dessa estrela distante (Sirius), são exímios mensageiros e viajantes astrais. Por detrás de suas práticas xamânicas (sopros, benzeduras, baforadas, ervas, mandingas e mirongas), estão alinhadas verticalmente no éter, numa outra dimensão vibratória, naves espaciais de outros orbes, preexistentes à formação de seu planeta, que auxiliam na evolução humana.

Como entender que essas culturas e civilizações foram do apogeu à decadência, se eram tão evoluídas, e por que estão na Umbanda?

A Terra não é destinada a ter uma raça dominante e uniforme. É natural que "blocos" de Espíritos que reencarnam durante um período, numa determinada raça, fazendo-a evoluir, deixem de encarnar em uma forma e cor específicas para animar outras, instalando-se assim os ciclos de apogeu e declínio. Existiram várias etnias no orbe, e atualmente existe uma miscelânea racial no planeta. A diversidade da Umbanda atrai esses Espíritos por sua universalidade. Sendo um amálgama de todas as cores e formas raciais, é a mais universal das religiões e doutrinas mediúnicas da Terra; leva os homens fragmentados em sua relação com o Divino a um processo de unificação com Ele.

É possível falar-nos sobre a magia das cantigas e sonoridades dos Caboclos da Umbanda, descendente do magismo tribal mais antigo do planeta?

Os homens afoitos e zelosos das purezas doutrinárias criticam os Caboclos da Umbanda quando assoviam, cantam, assopram e chilreiam como pássaros, baforando o charuto. A estreiteza de opinião oriunda do desconhecimento, aliado ao preconceito, favorece as "superioridades" doutrinárias e as interpretações sectárias.

Os fundamentos dos mantras e seus efeitos curativos (vocalização de palavras mágicas) fazem parte dos ritmos cósmicos desde os primórdios da civilização terrestre. Os vocábulos pronunciados, acompanhados do sopro e das baforadas, movimentam partículas e moléculas do éter circundante do consulente, impactam os corpos astral e etérico, expandindo a aura e realizando a desagregação de fluidos densos, miasmas, placas, vibriões e outras negatividades.

Assim como as muralhas de Jericó tombaram ao som das trombetas de Josué, os cânticos, tambores e chocalhos dos Caboclos desintegram poderosos campos de força magnetizados no Astral, bem como o som do diapasão faz evaporar a água. Os infra e ultrassons do Logos, o Verbo sagrado, deram origem ao Universo e compõem a tríade divina: som, luz e movimento. Como o macrocosmo está no microcosmo, e vice-versa, se pronunciarem determinadas palavras contra um objeto ou ponto focal no Espaço, mentalizando a ação que esse som simboliza, será potencializada a intenção pelo mediunismo do Caboclo manifestado no médium, e energias correspondentes serão movimentadas. Ao mesmo tempo, cada chacra é uma antena viva dessas vibrações que repercutirão nas glândulas e nos órgãos fisiológicos, alterando os núcleos mórbidos que causam as doenças, advindo as "notáveis" curas praticadas na Umbanda.

É comum religiosos e exímios expositores de outras doutrinas acorrerem a ela, sorrateiramente, às escondidas, com os filhos ou eles mesmos adoentados, ditos incuráveis pela medicina materialista, tendo sua saúde reinstalada, para depois nunca mais adentrarem um terreiro. A todos o manto da caridade dá alento, sem distinguir a fé fragmentada de cada um.

Capítulo 2
A dualidade do sincretismo na crendice popular: Orixás santificados, Exus demonizados

Ramatís responde

O "movimento da Umbanda, adaptando-se aos prosélitos em seus anseios espirituais, com desapego em relação a dogmas intocáveis e engessamentos doutrinários", não gerou muitas distorções até o presente momento, contribuindo negativamente para a sua difusão, o que contraria a intenção do Espaço de angariar o máximo de fiéis em menos tempo?

Vocês têm memória curta, impregnada de personalidade temporária, o que é próprio da natureza encarnada e momentaneamente esfacelada diante do Espírito atemporal que os anima. É de bom alvitre relembrá-los de alguns fatos históricos, a fim de clarear as ideias, qual pássaro que se banha no leito da água reanimadora após sentir-se extenuado por longo voo.

Os cultos que se estabeleceram após a alforria dos escravos já se desviavam da velha magia africana, em decorrência da perseguição da Inquisição católica que atingiu até os confins das mais escuras senzalas. O catolicismo, a única religião que podia ser exercitada, fundiu-se com o Estado durante o regime imperial em sua pátria colonial, intensificando a desagregação das crenças e a religiosidade provindas dos negros africanos. Enraizou-se esse desvio nas novas gerações, pouco dispostas à oralidade dos antigos sacerdotes negros. Assim surgiram várias modalidades de culto no cinturão de miséria que se formou no entorno da capital do Império, após a "libertação" dos escravos.

As feitiçarias anglo-saxônicas e celtas trazidas da Europa por influência portuguesa misturaram-se ao fetichismo negro e às crenças mágicas indígenas, que, com o sincretismo, adquiriram ares de demoníacas, pois Exu foi associado ao diabo católico, numa distorcida adoração ao demônio.

Multiplicou-se a atividade do feiticeiro remunerado, bem como o trabalho feito na encruzilhada urbana, em vez de haver dedicação à oferenda no sítio vibracional dos Orixás, nas matas. Foram generalizados os despachos, por meio de sacrifícios animais, ofertas de vísceras, cachaça, farofa e o "indispensável" galo preto, com o objetivo de obter favores, prejudicar inimigos, separar casais, arrumar amantes, enfim, procurando o caminho mais fácil. Os feiticeiros satisfaziam aos anseios e à pressa dos cultos homens brancos, ex-sinhôs que haviam sustentado os antigos escravos. Assim, alimentavam pelo pagamento, com o vil metal, os mais baixos objetivos vibratórios do Plano Astral inferior, em total desrespeito ao livre-arbítrio e por merecimento de todos os envolvidos, novelo terrível que até os dias atuais não foi desembaraçado. Muitos feiticeiros, novos sacerdotes do culto que se alastrou rompendo fronteiras regionais (a macumba carioca), enriqueceram em poucos anos.

Os mentores do Espaço, atentos a tudo, plasmaram no Plano Astral Superior, com a autorização direta de Jesus, representante maior do Cristo Cósmico, a Umbanda e suas linhas vibratórias. Formaram-se assim as falanges espirituais de Caboclos, Pretos Velhos e Crianças, entidades estruturais que a sustentam. Apresentou-se uma quantidade de Espíritos comprometidos evolutivamente com o combate à magia negativa, determinados a estabelecer em solo pátrio a Divina Luz, que já brilhara com intensidade nos antigos templos da luz da Atlântida.

Por determinação direta de Jesus, entidades missionárias, muitas delas de outros orbes, aceitaram a designação de conduzir o movimento da Umbanda, concretizando-o na Terra, com a finalidade precípua, em seus primeiros 100 anos, de confrontar o magismo distorcido que se propagava assustadoramente, num levante das organizações do Astral inferior. A missão prioritária era atingir, nessa primeira fase, as classes humildes, exatamente as mais sujeitas à influência nefasta que se nutria num clima de superstições, sortilégios e fetichismos comuns à época, contribuindo positivamente para a sua proliferação.

Como o fetichismo das crenças mágicas populares, juntamente com o sincretismo, fez Exu ser associado ao diabo, numa distorcida adoração ao demônio, como rito institucionalizado?

A nação africana que mais influenciou a formação das seitas afro-brasileiras com seu fetichismo e suas crenças mágicas foi a Iorubá. Os escravos africanos, ao contrário dos índios, que não foram escravizados, idealizaram o sincretismo para poder realizar seus cultos nas senzalas. Inteligentemente, os Orixás são santificados, correlacionados com os santos católicos mais conhecidos.* Após a alforria, essa situação se fortaleceu como forma de integração e legitimação numa sociedade regida pelo catolicismo.

Tendo em vista a dualidade da escolástica católica (Deus e diabo), os Orixás, tendo sido santificados, inevitavelmente faltava encontrar a

---

*Na época da escravatura, os negros eram obrigados a seguir o catolicismo. Quando batizados, recebiam um nome português e tinham de frequentar as missas aos domingos. Os sacerdotes iorubás, entre outras nações africanas que passaram a viver no Brasil, imediatamente identificavam cada santo com alguma das personagens que ilustravam os Orixás, aceitando esses santos prontamente, por sua índole espiritual mística e universalista. Posteriormente, o sincretismo teve a propriedade de favorecer a inclusão social da Umbanda num momento de perseguição e preconceito. As primeiras tendas e os primeiros terreiros levavam nomes católicos com a finalidade de obter aceitação urbana. Ao contrário do início do processo sincrético, em que os negros "fingiam" adorar os santos católicos para não sofrer duras penas dos senhores, essa fusão de diferentes cultos ou doutrinas religiosas, após a libertação dos escravos, sofreu uma reinterpretação com o espiritismo, ocasião em que as fachadas das tendas e dos estatutos de fundação tinham a denominação "espírita" associada a um santo católico, para seus integrantes não serem perseguidos pela polícia. Durante a escravidão, quando os negros construíam seus altares, eram obrigados a colocar os santos católicos na parte superior, mas na parte inferior fixavam os fundamentos dos Orixás (pedras, minerais, oferendas votivas, ervas, entre outros símbolos) no chão de terra batida. Na hora de cultuar os santos, na verdade, cultuavam os Orixás, e assim conseguiam realizar seus transes ritualísticos sem que o homem branco, o senhor ou o clérigo da vizinhança os proibissem. Pode-se afirmar que até hoje os Pretos Velhos são matreiros para levar os consulentes a se modificarem e a fazerem aquilo que eles recomendam, bem como se mostram atilados quanto ao famoso engambelo, quando o que parece ser não é, principalmente quanto a processos obsessivos que envolvem entidades mistificadoras querendo se mostrar aos médiuns como Espíritos do movimento de Umbanda e não o são. É importante relembrar que nas raízes da fusão sincrética entre os Orixás e os santos católicos está um hábito que até hoje é adotado nos templos de Umbanda: chegar a um terreiro, saudar a entrada e depois o congá.

figura representativa do diabo. É assim que se instalou nas populações periféricas, pobres, incultas e assustadiças, constantemente ameaçadas de serem jogadas nos caldeirões fumegantes do inferno, a demonização do Exu, que se alastrou rapidamente com o apelo mágico que o envolve. No contexto cultural brasileiro, hegemonicamente católico, esse conceito de Exu é o que mais influenciou o imaginário popular e passou por distorções em consequência da amplitude do processo de inclusão social dos cultos que saíram do interior das senzalas e ganharam as ruas e os morros, sendo transfigurado no diabo pelo candente sincretismo.

Para entenderem a origem ancestral da questão, importa dizer que para os povos iorubás, e de certa forma até os dias atuais, nos clãs tribais, em que os homens são livres para ter muitas mulheres, quanto mais filhos tiverem, melhor. O sexo significa procriação, progresso, sendo cultuado o "exu" Elegbá ou Elegbara, que simboliza a fertilidade, entre um conjunto de divindades de sua religiosidade politeísta, todas reverenciadas com valor evocativo, mágico ou místico.

Assim, num meio social em que o sexo e suas conotações eram fortemente reprimidos e associados ao pecado, o lado fértil desse "exu" foi muito dissimulado. A imagem, forjada pela conservadora sociedade católica, ao contrário da liberalidade desprovida de culpa, autoflagelação e penas eternas dos iorubás, extirpou o esplendor reprodutivo do explícito Elegbá ou Elegbara, tradicional no panteão africanista, distorcendo ao máximo os símbolos de fertilidade, bem como o foi Príapo, deus greco-romano igualmente classificado como herético pela Inquisição.

Com o avanço das concepções judaico-cristãs-católicas sobre as antigas religiões dos Orixás ligadas às nações africanas, ao qual se juntou o espiritismo kardecista no final do século XIX, esse "exu" foi empurrado cada vez mais para o lado do mal. Esse fato se intensificou com os seguidores sincréticos da Umbanda e persiste potencializado e distorcido em muitos terreiros "umbandistas" e centros espíritas, por intermédio de suas lideranças, que não estão muito preocupadas com a verdadeira orientação crística e universalista de seus adeptos.

Mesmo Exu tendo sido transformado em diabo, é um diabo dos católicos, com a seguinte falsa imagem: ganhou chifres, rabo, pés de bode, labaredas infernais, capa, tridentes e outros adereços dos demônios antigos e medievais, arquitetados pelo catolicismo inquisitorial para combater as seitas pagãs. Essa aparência assustadora foi inspirada por videntes influenciados pelas entidades "infernais" do Astral inferior, que se locupletam nos gozos terrenos imantados a seus dóceis aparelhos fascinados que enxameiam na crosta, ocasionando a invasão dos congás por imagens diabólicas, facilmente encontradas em qualquer esquina citadina, em suas floras comerciais e lojas de quinquilharias mágicas. O Astral inferior, *alter ego* da maioria dos homens, exultante, conseguiu dar um perfil psicológico de gozador, beberrão, violento e destemido e atribuiu palavras chulas e de baixo calão aos prestimosos Exus, introduzindo o falso, o engambelo no trabalho verdadeiro dessas entidades luminares da Divina Luz, da Umbanda.

Tristemente, associaram-no a locais dissolutos: seus sítios vibracionais tornaram-se as encruzilhadas das ruas, e seu hábitat no Astral transfigurou-se em becos de prostituição, entre vapores etílicos, baforadas de cigarrilhas fétidas, garrafas de cachaça quebradas e mulheres seminuas que vendem o corpo pelo vil metal. Na verdade, esses cenários são os que nutrem os canecos e as piteiras vivas do além-túmulo, que dominam muitos terreiros ditos de "Umbanda" na Terra, mas que aos olhos do Espaço servem de ponte para o parasitismo alimentado pelo que há de mais inferior que se agasalha nos egos inflados das frágeis criaturas humanas: a satisfação dos desejos, doa a quem doer.

O avanço das concepções judaico-cristãs-católicas sobre as diversas religiões, inclusive a Umbanda, associado à imputação de "culpa" aos seus adeptos, não contribuiu para a instalação e manutenção de um estado de consciência infantil nas coletividades envolvidas, diante das verdades espirituais?

O sentimento de culpa deve os conduzir a um saudável e constante amadurecimento fundamentado na reavaliação de atitudes. O que o catolicismo fez ao longo da História e que se encontra ainda muito arraigado no inconsciente coletivo foi estabelecer uma terrível dominação religiosa com o lema "fora da Igreja não há salvação". Essa proposição doutrinária culposa opõe-se ao legado crístico deixado no Evangelho de Jesus, que, ao contrário de aprisionar consciências, as liberta.

A contextualização histórica da incrustação de culpa na consciência humana foi um avanço evolutivo que depurou alguns ritos religiosos. Antes dos hebreus visionários e pioneiros, os "deuses" se satisfaziam com sacrifícios sanguinolentos e não tinham nenhuma noção de moral crística. Bastava um fiel degolar uma cabra ou arrancar o coração de um carneiro para um daqueles bezerros de ouro fazer chover ou fertilizar as mulheres. O próprio Jeová se regozijava com a bajulação concretizada nas oferendas. Era um "deus" belicoso, dos exércitos, que submetia seus filhos a provas de fé crudelíssimas, como aquela pela qual passou Abraão, quase tendo que imolar o próprio filho.

Esse modo de se relacionar com as divindades não foi exclusivo de uma única etnia no orbe terrestre, manifestando-se nas tribos africanas e silvícolas em diversas localidades geográficas, algumas até com rituais de antropofagia, em que comer o inimigo fortificava o Espírito, simbolicamente não muito diferente de ingerir o corpo amigo de Jesus na eucaristia católica. Eis que vieram os profetas antecedendo o Rabi da Galileia em sua mensagem libertadora. Significativamente, Isaías bradava com voz de trovão, falando em nome de um único Deus vivo: "Lavai-vos, purificai-vos, tirai de diante dos meus olhos a maldade de vossas ações! Cessai de fazer o mal! Aprendei a fazer o bem, procurai o que é justo, aliviai a opressão, fazei justiça ao órfão, defendei a causa da viúva".

A moral contida no Evangelho de Jesus e magistralmente exaltada em *O Evangelho segundo o espiritismo*, que é universal e cósmica, tem aplicabilidade nas várias religiões terrícolas, ocasionando mudanças de hábitos e valores constantes, mesmo que o conceito de mal ou bem seja limitado na temporalidade material de vocês.

A moralidade preconizada por Jesus é mediadora, equilibrando-se entre "a moda" de não se arrepender de nada dos cultos africanistas e ritos tribais antigos e a total submissão culposa dos novos católicos, dois extremos que não se aplicam à consciência coletiva atual. Ela busca a unidade no conjunto dos indivíduos e da sociedade, convergindo para todas as doutrinas da Terra, mesmo que o processo de religiosidade se subdivida em múltiplos pedaços, qual colcha de retalhos, como se fossem gavetas de um único armário que não se comunicam.

Em verdade, na Umbanda, o retorno à unidade religiosa requer dos cidadãos amadurecimento espiritual; exige a quebra da infantilidade fragmentada, promovendo a união na diversidade, em que as diferenças não significam desigualdades. Esse discernimento é vagaroso, mas não impossível.

Há uma relação direta do sensitivo com o sagrado, em que os transes mediúnicos vivenciados nos terreiros pelo intercâmbio com os Espíritos enviados dos Orixás trazem do inconsciente a unidade cósmica de outrora, já vivida nos planos fora da materialidade. O sentimento de serem Um com o Pai os conduz a uma mudança gradativa de consciência e à percepção de que toda a expressão de religiosidade na Terra converge para Ele, o Uno, o Incriado Eterno. Tudo é parte desse Todo, tornando-se irrelevantes as formas das religiões instituídas na Terra diante da unicidade dessa essência religiosa, cósmica e convergente, tão intensa na seara umbandista que extrapola a dualidade culposa imposta pelos infantis dogmas judaico-católicos, ainda tão presentes nos ritos sincréticos.

O saber profundo de cada uma das crenças da Terra é análogo: indica um tipo de relação com o Divino em que as partes integram um conjunto maior, sem que se desmereçam reciprocamente ou priorizem umas às outras. Assim a Umbanda, por sua universalidade cultural e ritualística, caminha a passos largos, porém discretos, rumo à instalação e à manutenção de um estado de consciência madura e unificada, de fraternidade amorosa entre as coletividades que a seguem, envolvidas na busca das verdades espirituais.

Existem "umbandistas" que preconizam liberar a Umbanda de Jesus e do "ranço" católico e espírita, alegando que os africanos e o culto à natureza nunca veneraram o Evangelho do Divino Mestre. O que pode nos dizer sobre isso?

Procuram negar Jesus numa tentativa tão somente de africanizar a Umbanda. Entendemos que isso é um reducionismo e uma incompreensão do significado cósmico do Cristo. A essência crística de Jesus, de Buda, Maomé, Ghandi, Krishna, entre outros enviados, vai além da religião católica, que é símbolo de ser cristão no inconsciente do brasileiro. É importante deixar o "biblismo" e o "igrejismo" de lado e enfocar a mente na essência da mensagem do Evangelho de Jesus, tão bem lembrada pelo Caboclo das Sete Encruzilhadas na data da anunciação do culto nascente. Para isso, não precisa haver imagens, e podem gradativamente "dessincretizar" a Umbanda, libertando-a das ladainhas e dos oratórios católicos.

A mistura da Umbanda com as práticas mágicas populares ocasiona uma fricção nas consciências dos prosélitos neste início de terceiro milênio, criando uma crise de identidade em algumas expressões sacerdotais, levando-as a posturas abruptas para se perpetuarem no poder. Elas impõem, assim, um senso de urgência irreal, querendo a exclusão violenta do que as desagrada, como preconizam os "pais de santo" famosos da "Umbanda", perdidos nas iniciações coletivas regiamente pagas, disfarçados entre "mistérios" ocultos, veladamente esfaqueando um galo aqui, um bode acolá, a pedido do falso "exu" que vilipendia o Verdadeiro.

A Umbanda é universal e não se limita a uma raça ou etnia: africana, negra, índia, vermelha, branca ou amarela. Na verdade, existe uma frustração crescente de certos "umbandistas" na busca de referenciais para seus atos primitivos: fazer a cabeça com sangue, deitar para o santo, além de raspagens e matanças.

Para que tenham a convicção interna que não falseia, o fundamento imprescindível à essência da Umbanda é mover seus Espíritos para a caridade. É óbvio que isso não combina com sacrificar animais, da mesma forma como é inconcebível idealizarem Jesus oficiando entre os apóstolos com faca afiada à mão entre berros de galos e animais de quatro patas que serão cortados com precisão mortal em nome do Pai.

Cada vez mais é preciso indicar o que é Umbanda. A partir disso, cada um pode concluir o que não é a Divina Luz.

Afinal, o que é Exu?

O Incriado, o Imanifesto, o Deus único não se manifesta diretamente. D'Ele se expande um "fluido" informe que interpenetra em todas as sete dimensões vibratórias do Cosmo e, acima dessas faixas, torna-se novamente uno com o Pai. Num descenso vibratório, o Divino, por meio de Exu, seu agente mágico, transforma-o em veículo de manifestação da

Sua vontade, oportunizando Sua manifestação indireta em todas as vibrações e formas do Universo. Todas as ondas, luzes e eletricidade, bem como todos os sons e magnetismo, são simples meios de manifestação de Exu, que possibilitam a junção atômica das energias cósmicas nas formas que conseguem entender em sua escassa percepção de encarnados.

Observações do médium

Sempre que trabalho na sessão de caridade no terreiro com Pai Tomé, sinto um amor indescritível. Fico "alheado" por um ou dois dias. Meu chacra cardíaco se expande de tal maneira que me torno extremamente sensível. Durante as primeiras manifestações, inevitavelmente, ficava com os olhos marejados de lágrimas.

Numa sessão de Preto Velho de que participei, percebi, desde o dia anterior, a vibração de Pai Tomé pelo incomensurável amor que ia se instalando em meu psiquismo. No ato da "incorporação" mediúnica, essa entidade riscou um ponto diferente do habitual: pediu uma pemba violeta e, entre outros traçados, riscou um triângulo equilátero com um ponto no centro. Disse-nos ainda:

> "O triângulo representa a simplicidade, a humildade e a pureza; as três formas estruturais não as únicas – de manifestação dos Espíritos na Umbanda pela mecânica de incorporação: Caboclos, Pretos Velhos e Crianças. Os sete Orixás – raios divinos – influenciam igualmente os lados do triângulo e para eles convergem todas as formas em que os Espíritos se manifestam na Terra. Irradiando no ponto central está a chama crística, transformadora da Umbanda neste terceiro milênio, em que será descortinada sua alta significação cósmica. Esse triângulo fluídico está plasmado no Plano Astral sobre a pátria brasileira, e seu centro tem uma contraparte geográfica no Planalto Central, onde existe um dos sete grandes chacras planetários. Sobre todo o triângulo espargem-se as vibrações do Cristo Cósmico, de amor e sabedoria. Meu filho amado, prepara-se para vivenciar a Umbanda com todo o amor que consegue sentir em teu pequenino coração. O raio cósmico do Cristo e a Grande Fraternidade Universal se 'materializam' por meio desse triângulo fluídico que sustenta o movimento de Umbanda no Astral Superior. Você deve servir e ter compromisso com a verdade, acima

de qualquer outra coisa. Prepara-se para psicografar sobre a cosmogonia umbandista, extrapolando a atual condição de mediunismo de terreiro, esclarecendo as distorções encontradas nas ditas práticas mágicas populares, em conformidade com a missão que está traçada no Espaço quanto à Umbanda. Fortalece-se e segue resoluto o amigo Ramatís em seus compromissos com os Maiorais do Espaço. Não se abale com o desdém e a algaravia que serão desenvolvidos em alguns corações".

Feito o ponto riscado e transmitida a mensagem, Pai Tomé trabalhou atendendo aos consulentes, lavando seus pés com água e lavanda, misturadas com folhas de pitangueira e arruda, todas maceradas, maneira simples e humilde de vibrar ao próximo o amor cósmico do Cristo.

Quando do término das atividades da noite, cessando a manifestação mediúnica, diante do ponto riscado no início, tive a clarividência de uma entidade oriental que acompanhava Pai Tomé: era jovem, imberbe e vestia um turbante com algumas pedras rosas e douradas fixadas, além de ter cabelos castanhos compridos muito lisos, que lhe caíam sobre os ombros.

À noite, durante o desdobramento natural do sono físico, fui levado por Pai Tomé, então na forma de apresentação de Babajiananda, um sábio iogue oriental, acompanhado de Ramatís, a um tipo de castelo suspenso no Plano Astral situado bem em cima desse grande chacra que é localizado no "coração" do Brasil, o Planalto Central.

Lá chegando, sua gigantesca porta de entrada foi aberta, e fui imediatamente conduzido a um instrutor – identifiquei-o como a entidade de turbante que vi ao término dos trabalhos de caridade no terreiro –, que parecia ser do Oriente Médio, meio árabe ou libanês, de pele morena, do tipo queimado pelo sol do deserto, jovem, muito fraterno, simples e amoroso, ao mesmo tempo firme e direto. Estava sem o turbante, com os cabelos presos às costas, o que lhe conferia feição ainda mais juvenil.

Disse-me chamar-se Dhruva. Além disso, referenciou que haveria uma reunião, sob a regência do senhor Maitreya, que naquele momento se fazia representar por ele, então dirigente daquele castelo crístico plasmado no Astral brasileiro. Falava com mansuetude, porém com indescritível autoridade. Decerto tratava-se de um Espírito de alta envergadura espiritual que eu, diante de minhas acanhadas capacidades psíquicas e ainda preso ao corpo físico, não consegui entender plenamente. Quando pensei isso, imediatamente a entidade, como se estivesse em minha mente, afirmou que era impossível para ele me manter durante as conversações que ocorreriam e que somente pela força mental de Ramatís e Babajianandá – que estavam me irradiando energia pelas costas – eu conseguiria vê-lo e "ouvir" seus pensamentos.

Mostrou-me rapidamente os vários projetos no Astral que o ligavam ao Brasil em nome do senhor Maitreya, destacando o objetivo do estreitamento das relações econômicas com os países emergentes do Oriente, trazendo bem-estar social e econômico para nossa pátria, além de desenvolvimento científico e tecnológico pela adoção de novos métodos produtivos e de pesquisa. Falou-nos que seu empreendimento se completava com os conduzidos por Ramatís, responsável pela união das filosofias orientais à consciência religiosa do povo brasileiro. A Umbanda era instrumento imprescindível para levar adiante tal feito, além de espalhar a mensagem cósmica libertadora do Cristo – que não era propriedade de nenhuma religião ou doutrina dos homens –, conferindo equilíbrio e uma vida mais feliz aos cidadãos retidos em solo brasileiro.

Disse-me para não me esquecer da coletividade em favor de minhas preocupações. Finalizando, alegou que não poderia me manter mais tempo com eles, uma vez que estava previsto o rebaixamento vibracional do alto emissário dos planos inefáveis que vinha passar instruções. Amorosamente, justificou que a presença de um encarnado desdobrado impediria a obtenção do padrão grupal de ondas mentais necessário para sustentar a presença do ilustre visitante (referia-se ao senhor Maitreya, um dos altos Espíritos responsáveis pela propagação das vibrações do Cristo Cósmico em nosso planeta, assim como Jesus). Comunicou-me que estava programado, para minha instrução, que deveria visitar os porões do castelo que ele administrava, onde existia uma base tecnológica de defesa contra os assédios do Astral inferior, comandada pelos Exus guardiões.

Antes de sair, fui informado, pelo pensamento de Ramatís, de que os Espíritos presentes eram os principais ajudantes do senhor Maitreya, trabalhando na irradiação envolvente do amor por tudo o que existe manifestado no orbe, nos planos concreto e oculto. Diante dessa condição, declarou ser ele, Ramatís, conhecido na Grande Fraternidade Branca

Universal como mestre Kuthumi. Apresentou-se a todos nós com olhos azuis, tez clara, como os anglo-saxões, cabelos e barbas castanho-dourados, como se o brilho do Sol neles se refletisse.

Nesse mesmo instante, mudou o cenário: vi-me conduzido por um jovem muçulmano para uma larga escada rolante, panorâmica, que me levava para baixo, de onde pude vislumbrar a beleza indizível dos jardins que a cercavam. Ao chegar à base do castelo, fui recepcionado por um Exu, educadíssimo, rosto bronzeado, típico dos habitantes do deserto, usando fino terno. Era um homem muito alto, de porte atlético; tinha um radiotransmissor no ombro esquerdo que se confundia com o tecido de seu vestuário. Ao aproximar-me, apresentou-se como Senhor Sete Chaves. Sua função é comandar uma falange espiritual, abrindo e fechando os "portais" que permitem entrar num entrecruzamento vibratório específico para conduzir os médiuns desdobrados e outros que entram nas comunidades mais densas do umbral. Esclareceu-me que Exu Senhor Tranca Ruas é responsável por fechar ou abrir um entrecruzamento vibratório inteiro, e que somente nos que estão "abertos" por esse Exu guardião ele pode permitir a "entrada" e "saída" para os serviços de caridade aos encarnados e desencarnados, referindo-se claramente ao merecimento individual e à Justiça cósmica que regem suas atividades. Confidenciou-me ser uma espécie de lugar-tenente do Senhor Tranca Ruas e que fazia parte da legião do Exu guardião Senhor Sete Encruzilhadas, entidade regente de todos os entrecruzamentos vibratórios dos Exus da Umbanda.

Perguntei-lhe o porquê de tanta proteção. Ele me disse que eram habituais os levantes das organizações trevosas contrárias ao "salto" quântico que estava programado para a Umbanda, por isso a necessidade de manutenção, no castelo, daquela base que interpenetrava todo o umbral (havia vários túneis vibratórios que desciam até as regiões subcrostais). Mesmo os Maiorais sidéreos precisavam da serventia dos agentes da luz nas sombras (referindo-se à falange que ele comandava), argumentando que era um trabalho fundamental de sustentação ao equilíbrio das trocas vibratórias que aconteciam com o plano físico por meio da mediunidade. Exemplificou dizendo que um chefe de Estado, quando visita outra nação, envia seu serviço secreto antes, não se deslocando sem proteção adequada.

Entramos em um grande corredor com muitas portas, tudo muito limpo e com muita tecnologia. Não encontro palavras, no entanto, para descrever o local com propriedade. O Senhor Sete Chaves tocou no radiotransmissor e falou algo que não compreendi. Uma das portas se abriu, e saiu um grupo de Exus acompanhando um enorme mago negro, parecido com um sacerdote vudu do Haiti, vestido com roupa brilhante preta e vermelha, esbravejando e dizendo que aquilo não ficaria daquela forma. O Senhor Sete Chaves pegou o molho de chaves douradas e tocou em uma, abriu-se então enorme portal diante de nós, e o mago negro raivoso foi atirado para dentro. Perguntei o que acontecera, e Senhor Sete Chaves me disse que aquele Espírito fora devolvido à sua organização. Surpreendi-me e questionei sobre o motivo de o terem libertado. Ele me explicou que isso seria terrível, pois seus chefes o puniriam duramente pelo fracasso em sua missão. Não havia nenhuma tonalidade de vingança ou maldade em sua afirmação. Notei um senso de lealdade e justiça acima de sentimentalismos, que não nos cabe julgar. Percebi que estava diante de um Exu calejado pelas lides no Astral inferior, que nada mais o espantava ou lhe causava arroubos emotivos. O Senhor Sete Chaves me disse que aquele ser raivoso fora pego dirigindo-se à minha casa um dia antes da sessão em que trabalhei com Pai Tomé. Ele queria me impedir de receber as instruções programadas durante o desdobramento natural no sono físico.

Esse prestimoso e decidido guardião deu-me um molho de chaves igual ao que possuía, dizendo que teria a cobertura de sua falange nos trabalhos marcados (apometria) e que todos eles estariam unidos no Espaço, do maior ao menor, levando a Divina Luz da Umbanda às sombras umbralinas. Após um forte abraço, estampou um sorriso maroto, no semblante até então circunspecto. Tocou com o dedo indicador da mão direita em uma das chaves douradas que colocou sobre a palma da minha mão esquerda: senti um puxão na nuca e uma sucção que me reconduzia ao molde físico. Repentinamente, acordei em meu quarto escutando a sonora gargalhada do Senhor Sete Chaves: "Ah! Ah! Ah!" Na verdade, este era um mantra de fixação vibratória para meu pleno bem-estar, minha segurança e o perfeito encaixe do corpo astral ao corpo denso.

Lembrando-me nitidamente de tudo o que acontecera, como se tivesse acabado de chegar em casa de um encontro entre amigos, fiquei refletindo sobre o aforismo divulgado pelos Pretos Velhos e Caboclos durante as sessões de caridade: "na Umbanda, sem Exu não se faz nada".

Nas tradições africanistas, Exu é considerado o mensageiro dos planos ocultos, dos Orixás, sendo o que leva e traz, o que abre e fecha, nada sendo realizado sem ele na magia. O que isso quer dizer?

Liberando o panteão africanista das lendas antropomorfas recheadas de símbolos e arquétipos do inconsciente coletivo, reforçados oralmente pelos sacerdotes tribais ao longo das gerações (maneira inteligente de fixar conhecimentos que de outra forma desapareceriam), conclui-se que Exu é um aspecto do Divino que tudo sabe, para o qual não há segredos. A vibração de Exu, indiferenciada, atua em todas as latitudes do Cosmo, não fazendo distinção de ninguém, tendo um caráter transformador, promovendo mudanças justas e necessárias para o equilíbrio na balança cármica de cada Espírito. Lembrem-se de que, antes da calmaria, a tempestade rega a terra, refresca e traz vitalidade, ao mesmo tempo em que constrói, desfaz ribanceiras e quebra árvores com raios do céu. Exu é o princípio do movimento, aquele que tudo transforma, que não respeita limites, pois atua no ilimitado, liberto da temporalidade humana e da transitoriedade da matéria, interferindo em todos os entrecruzamentos vibratórios existentes entre os diversos planos do Universo. Por isso, Exu é considerado o mensageiro dos planos ocultos, dos Orixás, sendo o que leva e traz, o que abre e fecha, nada se fazendo sem ele na magia.

Nas dimensões mais rarefeitas, Exu se confunde, unido aos Orixás, com o eterno movimento cósmico provindo do Incriado, sendo característica d'Ele, denominação dessa qualidade transformadora impossível de ser transmitida no vocabulário terreno.* Grosseiramente, Exu

---

*A personalização do princípio denominado "Exu" guarda certa analogia com a que resultou no deus hindu Shiva – que constitui com Brahma e Vishnu a trindade indiana. Shiva – o princípio do movimento – cria e destrói os mundos ao ritmo de sua dança cósmica (a "dança de Shiva"), enquanto Vishnu simboliza o princípio conservador, que mantém as formas. Dar-lhe identidade e forma concreta de um deus, que poderia ser representado, foi a única maneira de simbolizar um princípio abstrato cósmico, inalcançável para a mentalidade popular. Com Brahma, o criador, e Vishnu, o princípio estabilizante do Cosmo, forma a "trindade" do hinduísmo, que, na verdade, não se constitui de "deuses", mas essencialmente de "princípios" cósmicos, aspectos do Criador.

movimenta a energia, não é a energia propriamente: o movimento rotatório do orbe cria as ondas, mas não é a água dos mares.

Por que Exu faz "par" com os Orixás? Pode nos dar um exemplo planetário de Espíritos que atuam na vibração de Exu?

São muitos os Espíritos que trabalham nas vibrações de Exu, nas várias dimensões cósmicas. No Universo, tudo é energia, e na Umbanda não é diferente: tudo se transforma para o equilíbrio, gerando harmonia. Por isso, precisam entender as correspondências vibracionais dos quatro elementos planetários: ar, terra, fogo e água, relacionando-os com cada um dos Orixás, regentes maiores das energias cósmicas, aprofundando a compreensão da magia específica de cada Exu. Eles atuam, segundo determinadas peculiaridades, nos sítios vibracionais da natureza, fazendo par com os Orixás, pois o eletromagnetismo do orbe é dual: positivo e negativo. O Uno – ou Eterno, Incriado, Zambi, Olorum (um mesmo nome que representa a Unidade Cósmica) – é "energia" e precisa se rebaixar para chegar aos planos vibratórios mais densos, onde estão vocês agora. O Uno é dividido, tornando-se dual, tendo duas polaridades, onde existe a forma, o Universo manifestado na matéria, interpenetrado com o fluido cósmico universal.

Um exemplo de Exu entidade, que tem para os zelosos das doutrinas puras um nome polêmico, pode ser citado: os denominados Exus do lodo. Energicamente, os Espíritos comprometidos com o tipo de trabalho que chancela esse nome atuam entre dois elementos planetários: terra e água. Se misturarem um pouco de terra com água, terão a lama, o lodo. Essas entidades agem segundo o princípio universal de que semelhante "cura" semelhante: transmutam miasmas, vibriões etéricos, larvas astrais, formas-pensamento pegajosos, pútridos, viscosos e lamacentos, entre outras egrégoras "pesadas" de bruxarias e feitiçarias do baixo Astral que se formam nos campos psíquicos (auras) de cada consulente, em suas residências e seus locais de trabalho, desintegrando verdadeiros lodaçais energéticos, remetendo-os a locais da natureza do orbe que entrecruzam vibratoriamente a terra e a água: beira de rios e lagos, encostas de açudes, entre outros locais que têm lama e lodo. Nesses casos, entrecruzam-se nas demandas sob o comando de Caboclos da falange de Ogum Iara. Podem também atuar próximo aos mares, à água salgada, agora sob o comando de Caboclos da falange de Ogum Beira-Mar ou Ogum Sete Ondas. Por essa razão, existe o ato ritualístico em alguns terreiros de jogar um copo de água na terra (solo) para fixar a vibração magnética da entidade, no momento de sua manifestação mediúnica (elemento que serve de apoio para a imantação vibratória das energias peculiares à magia trabalhada).

O que são Orixás?
Existem vários padrões vibratórios que envolvem o orbe terrestre e o Cosmo, e os Orixás atuam em faixas de frequência vibratória que se interpenetram. Essas forças divinas, subatômicas, são "acondicionadas" em várias combinações, em ritmos peculiares, ocasionadas por seus próprios movimentos, traduzindo a imensidão cósmica do Incriado, em maior ou menor amplitude de ondas, em maior ou menor grau de densidade. No Universo, tudo é energia em diferentes estágios de condensação.

O que mais se aproxima do entendimento de vocês é que os Orixás são emanações oriundas do Divino, expressas desde as dimensões imateriais sem forma até os mundos manifestados na forma (astral, etérico, físico) em planos de vida distintos, de faixas vibratórias específicas. A harmonia universal é mantida pelos Orixás, vibrações cósmicas conhecidas milenarmente pelas religiões e filosofias orientais e que agora estão sendo elucidadas com maior clareza para o Ocidente.

Toda a condensação de energia movimentada no Cosmo tem, inicialmente, a atuação de uma mente poderosa, seja um ser angélico, um engenheiro sideral, um arcanjo, seja um mentor ascensionado, consciências estas individualizadas de alta estirpe evolutiva que atuam como "Orixás maiores". É importante ressaltar que tudo no Cosmo parte de uma força maior, abstrata, sem forma e manifestação, que nunca teve ou terá individualização, sendo única e inigualável, mantendo a própria coesão energética do Universo manifestado nas formas, desde os planos superiores, menos condensados e rarefeitos, até o Astral mais inferior, condensado e denso; repercute vibratoriamente em vocês, como se o plano material fosse um gigantesco mata-borrão: nas matas, nas cachoeiras, nos mares, no ar, no fogo, na terra, nos homens, animais, todos como variações de energias espirituais pulsantes em vida infinita, alimentadas pelo Eterno. Os poderes volitivos dos Orixás são a origem de todo o processo de agregação de energia, formadores de todas as dimensões do Cosmo imensurável.

Observações do médium

Tive a oportunidade, durante o sono físico e o desdobramento natural do corpo astral, de vivenciar uma experiência direta com essas energias denominadas Orixás. Fui conduzido pela mente disciplinada de Ramatís, que tem outorga para interagir nos planos rarefeitos, pois, caso contrário, isso teria sido impossível.

Antes de descrever o que vi, escutei e senti, o que terei dificuldade pelas limitações da linguagem oral-escrita, preciso comentar que nessas ocasiões me enxergo no meio de paisagens coloridas, como se fosse uma espécie de holograma teatral em quarta dimensão, em que tudo é mais vivo, rápido, intenso e real.

Visualizei feixes de ondas num céu de cor azul-chumbo, repleto de matizes avermelhados. Essas ondas eram como muitas "raízes" que se multiplicavam numa descida vibratória e formavam um tronco maior, que se transformava numa espécie de enfeixamento ondulatório único, parecido com um tornado, um vórtice "ventoso" que girava em seu centro e se rebaixava até o solo. Explicaram-me, para que pudesse entender, que se tratava da manifestação do Orixá Xangô e que me seria mostrado como ele poderia interferir na vida de um cidadão com sua regência vibratória desde o nascimento.

Ato contínuo, esse vórtice "ventoso" se compactou e teve seu ponto de contato no alto da cabeça (chacra coronário) de um indivíduo. A partir de então, o cenário mudou. Esse arquétipo personificado em seus aspectos positivos era agora um homem bem-vestido, trajando um vistoso terno azul-marinho. Tratava-se de um político ou advogado de sucesso, com carro e motorista à disposição. Articulado, era um líder nato, falante, de gargalhada fácil, inteligência marcante e personalidade forte.

Rapidamente a sucessão de cenas mudaram, e seu motorista encontrava-se sozinho, aguardando-o ansioso. O patrão estava numa festa e esqueceu-se do horário. Nesse momento, sobressaíam-se os aspectos negativos da regência de seu Orixá de cabeça: a figura dramatizada era egocêntrica, egoísta e radical, não respeitava nada nem ninguém, julgando-se dona da verdade. "Sua esposa que o espere, pois ninguém irá mandar em sua vida." De volta ao automóvel e diante do motorista aturdido, chegando à residência, a companheira abriu a porta de entrada e cobrou-o pelo adiantado da hora, já de madrugada. Ele a atacou, demonstrando enorme rigidez, lembrando-lhe todas as mordomias que lhe dava e ressaltando que a manutenção daquele *status* dependia de seu trabalho e de diversos meios para vencer a guerra da vida, que não tem hora para iniciar, tampouco para acabar.

Entendi que tudo o que experimentara com o desdobramento clarividente fora para compreender como os Orixás se "materializam" em nossos comportamentos, em decorrência da natureza livre no Cosmo que nos influencia, ou seja, a regência que cada força cósmica denominada Orixá exerce em nossas vidas, ajudando-nos a moldar nosso modo de ser. É óbvio que conhecer esses "arquétipos" facilita nosso entendimento do que são os Orixás. Interiorizados em nossa cognição, interferem efetivamente em nossos comportamentos, sem determinismos. Servem como mais um referencial didático para a nossa evolução espiritual.

O que definirá os aspectos negativos e positivos de nossas condutas, independentemente de compreendermos ou não todo o misticismo da Umbanda e das religiões no intercâmbio com as forças da natureza, é o exercício de nosso livre-arbítrio e a relação de causalidade que isso estabelece com os outros e com a coletividade que nos abriga, forjando o justo merecimento naquilo que vamos colher – que é obrigatório, ao contrário da semeadura.

Quando e de que maneira os Orixás entram no contexto da Umbanda? Eles são trabalhados e incorporados?

Os Orixás são aspectos da Divindade, altas vibrações cósmicas que se rebaixam até vocês, propiciando a manifestação da vida em todo o Universo. É preciso que compreendam a existência de vários planos vibratórios no Cosmo e que Deus, em Sua benevolência, manifesta-Se por meio de vibrações próprias em cada dimensão. Essas vibrações energéticas não são o próprio Incriado, que permanece sem ser manifestado diretamente.

Cada um dos Orixás tem peculiaridades e correspondências próprias na Terra: cor, som, mineral, planeta regente, elemento, signo zodiacal, essências, ervas, entre outras afinidades astromagnéticas que fundamentam a magia da Umbanda por linha vibratória.

Assim, a cada um dos Orixás se afina uma plêiade de Espíritos que atuam nas formas estruturais que sustentam o movimento da Umbanda no Espaço: Pretos Velhos, Caboclos e Crianças, todos plasmando um triângulo fluídico magnético do plano espiritual superior que "flutua" sobre o Brasil, para cujo centro se direcionam as vibrações do Cristo Cósmico e todas as formas e raças espirituais que se enfeixam na Umbanda para fazer a caridade.

Na Umbanda, os Orixás não incorporam. Afirmamos que isso é *impossível*, pois não é da natureza universal quaisquer manifestações personificadas dos Orixás. Em alguns terreiros sérios de cultos de nação e que mantêm as tradições africanistas antigas, claramente não evidenciando a prática umbandista, verificam-se, em sua maioria, manifestações do inconsciente, de arquétipos padronizados, que no transe ritualístico exteriorizam uma personagem simbolizando essas altas energias cósmicas, ditas Orixás, "concretizando", para o entendimento humano, por meio de expressões coreográficas, algo que é abstrato a vocês. Também se manifestam Espíritos ancestrais afins com a família de santo da Terra e que na Espiritualidade preservam seus hábitos religiosos, como se estivessem nos antigos clãs tribais no interior da velha África.

Assim, os Orixás se "manifestam" na Umbanda, indiretamente, por meio dos Espíritos que se unem no Plano Astral formando as linhas vibratórias, uma para cada um deles, ditos Orixás. É uma forma de se unirem organizadamente em auxílio aos filhos da Terra. Nenhuma linha vibratória que representa um Orixá é melhor que outra. Todas têm a mesma importância.

Quais os motivos de as personagens ditas Orixás e suas histórias de amor e quizilas serem tão comuns e aceitas nos cultos afro-brasileiros?

Os cultos afro-brasileiros são massificados, assim como a Umbanda. Isso não quer dizer que sejam inferiores aos cultos eletivos, como o são as ordens iniciáticas: maçonaria, rosa-cruz, teosofia, entre outras. Considerem ainda que o fato de os cultos afro-brasileiros serem populares não significa que muitos de seus terreiros não tenham ritos internos para uns poucos eleitos que são iniciados nos segredos velados à maioria profana.

Estudem as mentes dos indivíduos comuns, como cidadãos aposentados, trabalhadores da indústria de construção, donas de casa, desempregados, marceneiros, pedreiros, artesãos, pequenos comerciantes, e verificarão que em geral são totalmente voltadas para o exterior. Trata-se de pessoas cujas atenções se voltam para ritos externos, com o desfile de imagens simbólicas que causam contínuas impressões no campo de suas consciências simples e ainda incapazes de abstrações meditativas silenciosas na busca do "eu interior" do Espírito eterno.

As tradições orais africanas foram mantidas pelas histórias de personagens ancestrais, maneira sábia de associar a reverência ao Divino numa cultura que não registrava seus conhecimentos e se mantinha com a imperiosa necessidade do segredo para perpetuar o poder sacerdotal das castas dominantes. Os enredos de quizilas e amores dos Orixás, considerados personificações de um passado remoto povoado de deuses intempestivos* e ligados às várias famílias de santo espalhadas em muitos clãs tribais, estavam de acordo com as crenças da época, que levavam essas comunidades a ter como verdadeiro o dogma de que eles haviam encarnado sempre numa mesma parentela.

Com a universalização, no Brasil, das crenças do panteão africanista, que foram popularizadas com as tradições das diversas nações escravizadas, muitos prosélitos desses cultos massificados na atualidade começaram a entender o verdadeiro sentido dos Orixás e a aceitarem essas historietas romanescas de ódios, vinganças e amores irascíveis como maneira didática de associar os arquétipos de cada Orixá, os tipos comportamentais humanizados, com os crentes que lhes são afins em vibrações, o que contribui saudavelmente para esclarecer dúvidas, bem como para melhorar cada indivíduo.

---

*Os enredos – histórias de amor, lutas, ciúme e inveja, vaidade e poder – atribuídos aos Orixás não se diferenciam em natureza daqueles atribuídos aos deuses do Olimpo grego, herdados com novos nomes pelos romanos. No fundo, constituem representações didáticas para simbolizar o conteúdo de forças que atuam no psiquismo humano – mais fáceis de fixar, para o povo, que princípios abstratos.

Seria possível os Orixás serem entidades espirituais privilegiadas, que não sofreram ingerências cármicas nos ciclos evolutivos, como definem alguns umbandistas, com base em filósofos e iogues do Oriente, especialmente nas escrituras antigas do hinduísmo, como o Vedanta?

As escrituras sagradas do Vedanta* explicam o que são os *purushas* (Orixás), muitas vezes interpretados por alguns "iogues" apressados como uma unidade individual da Consciência Divina. Em outros esclarecimentos, filósofos de ocasião afirmam que alguns *purushas* individualizados não seriam submetidos às leis cármicas, como são os demais. Distinguir um tipo especial de *purusha* como individualidade que não teria passado pelo processo de evolução comum para todos os Espíritos, colocando-o como livre e intocado das aflições dos demais, causa confusão em muitos escritos de estudiosos umbandistas até os dias de hoje, pelo fato de interpretarem equivocadamente os ensinamentos antigos do Oriente.

É possível a uma consciência individualizada evoluir até um estágio glorioso e elevado, muito próximo do Incriado, contribuindo para a criação cósmica, contudo, não sendo o Criador. Imaginem na hierarquia espiritual do Cosmo um dirigente de Sistema Solar, ou até de uma galáxia**, consciência onipresente em todas as formas de vida que evoluem nos diversos planetas submersos em sua poderosa mente sideral, o que pode ser entendido como um *purusha-visesa*, ou Orixá maior. Os diversos sistemas solares e as dimensões vibratórias que os sustentam vivem, movem-se e são mantidos energeticamente pela realidade única, que é Deus.

A Suprema Realidade indiferenciada, que não se manifesta diretamente em nenhum plano de existência do Universo, o qual para os hindus é reverenciado como *Parabrahman*, é de difícil compreensão para o homem comum. Para este, é impossível "dimensionar" a infinita escala evolutiva que envolve a expansão das consciências individualizadas,

---

*Filosofia dos vedas, escrituras sagradas da Índia antiga.

**Consultar o capítulo "Os engenheiros siderais e o plano da criação", do livro *Mensagens do Astral*, de Ramatís e psicografado por Hercílio Maes.

levando-o a confundir as altas individualidades dirigentes do Cosmo com divindades com privilégios diante das imutáveis e igualitárias leis universais.

Cada entidade dirigente que vibra como um Orixá maior (*purusha-visesa*) passou pelo ciclo evolutivo desde o mineral até atingir um estágio inimaginável a vocês. Cada Espírito é uma unidade de consciência independente e assim permanecerá eternamente, uma vez que só existe um Inigualável. O fato de as diversas individualidades espirituais separadas do Todo Universal, do Imanifesto, da Divindade Maior, serem intimamente "unas" com Ele, coexistindo em unidade e separatividade ao mesmo tempo, num eterno devir, constitui um paradoxo da existência espiritual que as palavras limitadas pelo mero intelecto dos filósofos e sacerdotes humanos jamais permitirão a compreensão. O verdadeiro entendimento de sua original natureza diante do Criador exige que estejam libertos das reencarnações sucessivas.

Nenhuma entidade espiritual ou consciência individualizada obtém favorecimentos diante das leis cósmicas. Mesmo para uma entidade dita Orixá maior, não é possível cruzar o limite da onisciência imposto pela Suprema Divindade, comparativamente a uma torneira que fica seca quando colocada acima do nível do reservatório que a supre de água.

Há terreiros ligados às práticas mágicas populares que dizem cultuar os Orixás, locais onde se misturam ritos de sacrifícios animais, comidas e despachos pagos deixados nas vias públicas com os transes mediúnicos dos falangeiros de "Umbanda". Afinal, o que se manifesta nesses casos?

Majoritariamente Espíritos chumbados na crosta, sedentos das sensações animais, saudosos de quando possuíam um corpo físico. Espíritos que se locupletam no mando desses terreiros mantidos pelos fluidos ectoplásmicos exsudados (sangue quente derramado) que os fortalecem no Astral inferior. Assim, obtêm energia para plasmar suas habitações nas zonas densas do umbral.

Apropriam-se das "coroas" (chacras coronários) dos médiuns que aceitaram a iniciação nefasta do sangue na cabeça, a qual afasta os verdadeiros guias da Umbanda, favorecendo-os para que se façam passar por eles, enodoando o sagrado nome da Umbanda e mimando seus aparelhos nos gozos sensórios e nas realizações materiais. Eles precisam, em suas hipnoses mentais, até das emanações físicas dos atos fisiológicos eivadas de animalidade, que são o comer, o beber, o intercurso sexual, entre outros, que os saciam nas insanidades.

Como a Providência Divina em tudo está, os caravaneiros e missionários da Umbanda "baixam" em muitos centros como os descritos, nas formas astrais de pais velhos e Caboclos, que aos poucos, com humildade no servir e simplicidade nas orientações, permanecem no cantinho do terreiro, quietinhos, podando os atos fetichistas dos filhos de santos e amainando a dependência psicológica dos sacrifícios. Lembrem-se do exemplo de Jesus, que se impôs indescritível rebaixamento vibratório para ocupar um escafandro de carne, e mesmo nesse invólucro pesado foi canal do Cristo Cósmico, visitando todos os lugares que se lhe apresentaram enquanto esteve entre vocês. Quantos Pretos Velhos, com seus rosários e galhinhos de arruda, orientam filhos e fazem curas com um simples passe, também nesses locais, libertando aos poucos as consciências e fazendo-as despertar em seus palavreados mansos e matreiros para o fato de que a caridade não mata e de que a Umbanda é vida.

Tudo se transforma no Cosmo, e o que parece um absurdo aos olhos julgadores dos que estão na Terra nada mais é do que o tempo necessário às mudanças em sua transitoriedade no ciclo carnal. A pressa é dos humanos, e os movimentos rápidos são aparentes diante do Universo em sua "lentidão" transformadora e na inexorável atração para Deus, uma vez que Ele em tudo está, mesmo nos lugares que se encontram distanciados d'Ele.

Capítulo 3
Despachos e "iniciações" com sacrifícios nos ritos e cultos sincréticos distorcidos

Ramatís responde

O transe ritualístico é visto como demonstração de possessão demoníaca, e as adivinhações e oferendas votivas são taxadas de barbarismo primitivo e bruxaria desde o Brasil colonial até os dias de hoje, além disso, há uma sociedade que cobra uma postura ecológica das religiões, não "permitindo" sacrifícios animais. Diante desse quadro, como as tradições africanistas, com todas essas rejeições, saíram das lembranças dos negros escravos e se perpetuaram como práticas vigentes nas coletividades urbanas?

Os padres tiveram interesses ambíguos na catequização dos negros: se por um lado queriam disciplinar as crenças religiosas de acordo com os sacramentos católicos, por outro faziam "vista grossa" às suas danças e aos seus cânticos realizados aos domingos e feriados nas fazendas, em frente às senzalas, pois entendiam tratar-se de mero folclore. Os clérigos foram engambelados pelos escravos que diziam realizar o "batuque" para os santos católicos, usando, porém, a língua natal. Agindo dessa forma, mostravam os congás (altares) improvisados num canto da entrada da senzala, junto com as imagens de Jesus, Santo Antônio, São Jerônimo, São Sebastião e São Jorge. Mas, em segredo, arriavam as oferendas votivas em local escondido, no chão de seus alojamentos, como firmeza vibratória aos "deuses" cultuados.

Longe dos olhos dos brancos católicos, eles "incorporavam" suas divindades, manipulavam objetos, como pedras, ervas e essências, e ofertavam o sangue de animais sacrificados para que fossem vitalizados e pudessem entrar em contato com os planos ocultos, a fim de prever o futuro, curar doenças, melhorar a sorte e transformar os destinos das pessoas. Contudo, se assim fossem vistos pela comunidade eclesiástica, seriam proibidos e acusados de bruxaria, podendo perder a vida.

Na verdade, o ponto central da questão é que, na época colonial escravocrata, o catolicismo também possuía um apelo mágico. Era preciso que suas lideranças combatessem a crença primitiva em Espíritos diabólicos que podiam se apoderar do corpo dos fiéis, pedir sacrifícios animais sanguinolentos e operar curas, distinguindo-a da fé nos santos, nas almas benditas e milagreiras. Na opinião dos clérigos, urgia separar o simbolismo ritualístico da ingestão da hóstia, bem como os milagres propiciados pelo corpo e sangue derramado do Cristo na cruz, dos atos concretos, arcaicos e selvagens de negros ignorantes sem alma, mesmo que a hipocrisia dos homens, em seu imediatismo diante das leis cósmicas, ainda hoje não separe uma coisa da outra, eivados que estão de intenções de favorecimento, seja diante do mundo dos Céus católico ou da morada africanista dos Orixás.

Com a alforria dos escravos, essas práticas mágicas foram popularizadas e se espalharam pelas periferias das cidades que se formavam. Os ritos iniciáticos de divinização dos antigos clãs tribais foram terrivelmente distorcidos: os ex-escravos começaram a cobrar pela magia como forma de sobreviver na nova condição de "libertos", desrespeitando o livre-arbítrio dos cidadãos a quem se destinavam suas oferendas votivas pagas, agravando negativamente o merecimento de toda a coletividade, branca e negra, apegada aos fetichismos mágicos de "resultado" imediato.

O que são os assentos dos Orixás?

Há de se ter noção de que todo o trabalho mágico das religiões africanistas (não o da Umbanda) fundamenta-se no intercâmbio entre dois níveis de existência. São duas formas, ou possibilidades de vida, que coexistem paralelamente. O *aiyê* é o universo físico concreto, com todos os seres vivos; e o *orum*, o sobrenatural, onde vivem os "Orixás" e os eguns (Espíritos de mortos e antepassados naturais).

O mundo material é compreendido como uma consequência do espiritual. Todo o culto é fundamentado no rebaixamento vibracional dos habitantes do *aiyê*, para o *orum*; do divino espiritual, para os homens filhos dos Orixás; do sagrado abstrato, para o profano concreto.

A "materialização" dos Orixás ocorre pelo transe ritualístico, pelo filho que cede seu corpo e psiquismo para a manifestação dessas energias. Acontece que todo iniciado no transe tem seu assento vibratório do Orixá, um altar individual com determinados elementos férreos e minerais que simbolizam, energeticamente, as insígnias do Orixá, servindo de ponto de imantação no plano material. São os denominados *pegis*: locais onde são realizadas as venerações e colocadas as oferendas devidas, geralmente animais votivos e alimentos.

Por meio das oferendas diante do *pegi* acontecem e se fortalecem as trocas praticadas, o dar e o receber. Os filhos de um "Orixá" ofertam em permuta, para receber a força (axé) num ciclo de oferendas votivas e derrame de sangue que nunca termina, numa distorcida filosofia mantenedora da harmonia, dissociada dos ritos tribais de antigamente, em que os sacerdotes iniciadores não auferiam o vil metal nem cobravam pela assistência curativa às populações.

Na atualidade, existe uma desconexão temporal em nome dessas tradições, caracterizada por um apelo mágico negativo, popular, imposto por uma acirrada concorrência entre os terreiros, que, por sua vez, são demandados por criaturas que exigem resultados rápidos no intercâmbio espiritual, o que impõe mais sacrifícios ofertados, perpetuando uma série de fenômenos que se sucedem, fortalecendo a "indispensável" matança de animais e a oferta de sangue quente.

Como a fixação do "Orixá" na cabeça (coronário) do médium é realizada com sangue, um condensador vital de baixa vibração, uma entidade de reduzida envergadura espiritual se apropria do psiquismo de seu "filho", levando-o a fazer todas as suas vontades, falsamente, como se estivesse nas tribos de antigamente, oferecendo em troca progresso material, realizações amorosas, prazeres e outras sensações animalizadas.

A relação entre os Espíritos e o aparelho, potencializada no assento do Orixá, tem de ser periodicamente renovada, oferecendo os alimentos vitais, fluídicos, para que, em troca, não haja a desgraça do médium. É uma relação de temor e medo em nome de um falso sagrado, formando escravos dos "Orixás" por toda a vida, em que ininterruptamente, em certos períodos, há de se sacrificar um animal para a satisfação do além dominador.

Na Umbanda, preservam-se os aspectos positivos, benfeitores, das tradições africanistas. Não se impõem assentamentos vibratórios individuais dos Orixás fundamentados em iniciações sanguinolentas, com raspagens de cabeças e oferendas regulares para satisfazer ao "santo". Assim, basta fixar no congá alguns elementos condensadores para servirem de imantação, afim com o Orixá regente do terreiro. A mediunidade canalizada para a caridade, o amor por todos os seres vivos em auxílio aos sofredores é o mais seguro "assento" dos Orixás no templo interno de cada criatura.

Já escutamos dirigentes espirituais afirmarem que o médium se encontra desarmonizado porque não está cuidando do "santo" adequadamente. O que significa a expressão "zelar pelo 'santo' assentado" e por que isso exige tantos rituais e tanto tempo dos terreiros ligados às práticas mágicas populares?

Existe uma relação de dependência dos seres humanos iniciados nessas práticas mágicas populares: têm obrigação de estar permanentemente refazendo as oferendas e os sacrifícios na busca dinâmica, mútua, de renovação da força (axé). Ou seja, é um sistema de oferta e devolução mecanicista, de dar e receber, com o objetivo de se harmonizar com o suposto "Orixá" de cabeça, que, por sua vez, foi assentado com raspagem e incisão no alto do chacra coronário, tendo como princípio energético catalisador o sangue quente, repleto de vitalidade animal. Este serve para a fixação vibratória de entidades que se apropriam da inteligência, motricidade e ideação do médium (glândula pineal), tendo com ele uma relação individual, potencializada artificialmente, como se fossem hospedeiros, culminando nos transes e nas catarses ritualísticas.

Esse "acasalamento" fluídico, para manter o equilíbrio, fundamenta-se num sistema perpétuo, durante a vida encarnada e, posteriormente, desencarnada, de dar e receber. Esquece-se muito facilmente que a ritualística exterior e os pactos firmados em iniciações não demonstram os compromissos ocultos atemporais que reverberam no Espírito por uma "eternidade". Quem oferta sangue quente hoje será o ofertado de amanhã, ambos chumbados na crosta e escravizados à vitalidade propiciada pelas matanças animais.

Para conseguir a renovação da força e a proteção do suposto "Orixá", o iniciado deve revitalizar e dinamizar o fluxo de axé, por meio dos incontáveis sacrifícios votivos e festins de comilanças. É um pacto de interdependência, uma vez que o dito "Orixá", na verdade um ou mais Espíritos densos imantados ao médium, necessita de vitalidade animal para se fortalecer e, ao mesmo tempo, oferecer em troca seus agrados ao medianeiro. Assim, o mimam, arrumam namorada, emprego, retiram os inimigos do caminho, aumentam os prazeres carnais, entre outras facilidades da vida mundana, protegendo e mantendo em boa situação os repastos vivos e todos aqueles que mostram fidelidade regular quanto aos sacrifícios e às oferendas prescritas pelo pai de santo.

Esse pacto é uma via de mão única, e a vontade do "iniciado" nada vale se ele não cumprir os preceitos para zelar com seu assento vibratório, visto que os elementos que servem como condensadores energéticos devem ser renovados frequentemente, pois perdem, por fadiga fluídica, a capacidade de fornecer os tão almejados eflúvios etéreos que servem de alimento vital para as entidades do baixo Astral.

Há de se comentar que é conhecimento fechado, não divulgado pela maioria dos diretores de terreiros que praticam esses ritos, o fato de que quando o filho do "santo" viola, frauda ou não cumpre toda uma série de compromissos, tabus e preceitos, mantenedores do fluxo vital do plano físico para o Astral, e vice-versa, cessam as benesses das entidades do "lado de cá" para a realização dos desejos individuais do médium; isso quando os "vivos" da Terra, antigos iniciadores, não fazem despacho para a desgraça do "infiel" que ousa abandoná-los. Ocorre um motim astral, uma revolta contra o ente que até então era mimado, pelo fato de ele não mais fornecer os acepipes e sacrifícios sanguinolentos. A partir de então, atacam o antigo "serviçal", como vampiros determinados a sugar-lhe as próprias vísceras, qual parasita que "mata" a planta que não consegue mais produzir seiva vegetal pela aridez do solo, em meio à seca de verão. Por isso, o assunto é velado aos neófitos, para não se assustarem; assim como só são informados os enormes favores, nunca as gigantescas obrigações que, se não cumpridas, ocasionarão funestas contrariedades e retaliações, tal como a montanha vistosa esconde, aos olhos incautos, que em seu cume existe um precipício.

O enorme perigo da ira, dos revides e das quizilas que recaem sobre os "iniciados" que se arriscam a deixar o "santo" acaba sendo resolvido quando há merecimento, e o obsediado exercita seu livre-arbítrio nos templos da Divina Luz, da verdadeira Umbanda.

Na verdade, zelar pelo "santo" não é de forma alguma uma opção de exercício religioso em consequência do livre-arbítrio, mas, sim, um pacto de sangue que deve ser constantemente refeito com o suposto "Orixá", cujo não cumprimento implica riscos enormes, colocando sob pesado choque vibratório os que estão nessa roda nefasta de sacrifícios animais e ousam sair. A obediência cega perante o "santo" fascina e nubla as consciências, forjando escravos que ceifam a vida dos animais menores do orbe e fortalecem as cidadelas do Astral inferior, enraizadas desde eras ancestrais na dependência de se "alimentarem" dos fluidos volatilizados pelo sangue derramado na crosta planetária.

Pode nos dizer algo mais sobre a imperiosa necessidade de "limpeza" das zonas umbralinas do Astral Inferior e como isso pode causar repercussões vibratórias calamitosas no plano físico?

O assunto é muito amplo e foi aprofundado em outra obra.* Comentaremos, assim, algo dentro do contexto de influência das práticas mágicas populares.

---

*Para aprofundamento nessa temática, consultar as obras *Mensagem do Astral* e *Fisiologia da alma* (capítulo "A alimentação carnívora"), ambas de Ramatís e psicografadas por Hercílio Maes.

Atualmente, há um desnível energético entre as comunidades do Astral Inferior e a coletividade encarnada. As habitações umbralinas estão cada vez mais fortalecidas em razão da constante oferta de vitalidade etérica do sangue, por meio de ritos que distorcem o merecimento coletivo, pelo total desrespeito ao livre-arbítrio individual. Na verdade, uma é mantenedora da outra nesse desequilíbrio. Os bárbaros ritos de magismo com sacrifícios de animais, realizados usando a mediunidade, potencializam negativamente os rebeldes e imorais habitantes da subcrosta. Obviamente, isso causa impacto em toda a conduta da sociedade humana, de enorme repercussão vibratória na aura planetária, visto que a magia negativa realizada com rituais de sacrifício, somada às matanças nos abatedouros e frigoríficos, é praticada em todo o globo terrestre. Como "o que está em cima é igual ao que está embaixo", igualmente existe ressonância no plano tridimensional físico, que tem por objetivo sempre o verdadeiro equilíbrio atemporal. Lembrem-se dos cataclismos, tornados e enchentes que começam a se repetir no presente e verificarão uma reprise da época da submersão do continente da Atlântida, e isso se repete meramente por uma relação de causalidade.

Enquanto os terrícolas não se espiritualizarem, libertando-se dos fetichismos atávicos, as bases que sustentam as fortalezas dos magos trevosos do umbral serão alimentadas.

Urge o equilíbrio. As recentes movimentações das placas tectônicas planetárias demonstram intensas mudanças da natureza, a qual está se adaptando às ondas mentais mais rápidas dos Espíritos que reencarnam neste início de terceiro milênio e às irremediáveis remoções das cidadelas do umbral. Os repetentes na escola do Evangelho do Cristo terão, irremediavelmente, de ser transportados para orbes mais atrasados. É seu direito cósmico continuar evoluindo. Os Espíritos são imortais, e suas moradas são muitas, todas de acordo com a evolução das consciências. Tudo é movimento na busca harmônica que se sustenta com o amor.

É inconcebível matar para um falso equilíbrio. Enquanto não cessarem os atos egoísticos que ceifam vidas na busca de benesses espirituais, a natureza não deixará de responder com força, na perseguição pela verdadeira harmonia cósmica.

Verificamos, em alguns terreiros de práticas mágicas, um espaço para assentamentos dos mortos, os conhecidos eguns, Espíritos desencarnados de familiares que também são objetos de culto. Existem, inclusive, compartimentos com objetos que pertenceram ao defunto e são enterrados em potes. Qual a finalidade oculta desses assentamentos vibratórios?

A finalidade é a fixação e o aprisionamento vibratório dos entes desencarnados, que, por sua vez, foram condicionados pelas tradições orais e almejam isso para não ficarem vagando na crosta qual zumbis. Esses Espíritos que desencarnaram e são ligados a esse culto ancestral na Terra ficam presos na contraparte etéreo-astral do terreiro, não se libertando da crosta e servindo, submissos, aos mais diversos tipos de tarefas e realizações dos humanos da Terra. Nessas comunidades não existe a consciência de merecimento e livre-arbítrio e, além disso, é muito tênue a linha divisória entre o magismo positivo e o negativo. Dessa maneira, realiza-se outro ciclo de oferendas votivas cultuadas com animais sacrificados e muito sangue, pois é urgente "alimentar" energeticamente esses Espíritos aprisionados, sedentos das sensações corpóreas. Por isso nesses locais, todo o "equilíbrio" (força mantenedora ou axé), em movimento entre os dois planos de vida, tem de ser constantemente renovado com sacrifícios animais, sob pena de "desequilíbrio" por perda da vitalidade dos habitantes do além-túmulo, os quais, hipnotizados e presos no vaso carnal dos médiuns que se reúnem para cultuá-los, precisam ser alimentados, advindo daí as infindáveis comidas de "santos".

São seres aprisionados entre si, em total cegueira existencial, habitantes de diferentes dimensões, presos às questões terrenas, sentindo fome, sede e libido, locupletando-se nos gozos e objetivos personalistas propiciados pelo invólucro carnal possuído. Nessa relação ancestral, qual parasita que em simbiose se confunde com seu hospedeiro, urge o esclarecimento para libertar consciências escravas dos fetichismos e das crendices que alimentam e fortalecem os habitantes do Astral inferior, diante da comunidade encarnada.

Existe a crença de que os eguns não reencarnam. Como ficam, diante das leis universais, os atos de magia negativa que desconsideram

a relação de causa e efeito e as consequências geradas para as futuras encarnações?

Obviamente, os que agem com fé verdadeira e desconhecem as verdades cósmicas apresentam atenuantes, em comparação com os que, sorrateiramente, vilipendiam as leis universais. No contexto atual, o conhecimento das reencarnações sucessivas "mora ao lado", ali no terreiro de Umbanda e no centro espírita.

O estado do Espírito no Astral, no que se refere à graduação do "peso" específico de seu corpo astral, que, por sua vez, determina a faixa vibratória de sua localização no além, não depende de crença cega, dogmas de culto e religiões temporais. É certo que a oferta regular de alimentos e oferendas com animais mortos aos ditos familiares (eguns) imanta-os na crosta junto com os "vivos" sequiosos de seus serviços.

As definições de como se darão as futuras reencarnações são decorrentes dos atos presentes, que estão tecendo constantemente a rede de causalidade, a qual, por sua vez, determinará os sofrimentos e as alegrias futuras. Em verdade, a descrença dogmática na reencarnação, como aquela que diz que os Espíritos familiares e ancestrais sempre habitarão o mundo dos eguns para fazer favores à parentela carnal, libera os adeptos para as práticas mágicas em proveito próprio, pelo fato de desacreditarem o merecimento e livre-arbítrio individual das outras criaturas, levando-os a não se preocuparem com as sérias consequências cármicas vindouras. Entendem que não distorcem algo que não existe, interpretação equivocada pelo fato de o conhecimento estar à disposição, faltando tão somente olhos para ver e ouvidos para escutar.

Observações do médium

Tendo a oportunidade de trabalhar como médium e dirigente em um grupo de apometria* numa casa de Umbanda – corrente de cura e desobsessão do Caboclo Pena Branca –, foi inevitável, com o tempo, presenciarmos diversificada casuística com os mais variados relatos de

---

*Técnica de desdobramento anímico-mediúnica desenvolvida por dr. Lacerda de Azevedo. Informações no livro *Espírito/matéria – novos horizontes para a medicina*, de José Lacerda de Azevedo.

desequilíbrios anímicos e mediúnicos, agravados por atos de magia negativa que contrariam as leis cósmicas de equilíbrio universal e que se perpetuam entre as encarnações sucessivas, retendo os seres no ciclo carnal.

Recentemente, uma consulente apresentava terrível dor de cabeça, queda de cabelos e dificuldade para dormir. Estava quase enlouquecendo, e toda vez que estava prestes a dormir se via desdobrada, enterrada num buraco com terra fétida, entre andrajos malcheirosos. Envolvido pela irradiação magnética de Vovó Maria Conga, que atua em meu chacra frontal, ocasiões em que se abre para mim a clarividência, enxerguei a atendida como uma sacerdotisa de um clã tribal da antiga África. Ela estava deitada, morta, como objeto de um ritual de assentamento de egum. Na condição de ex-sacerdotisa da tribo, "não precisaria mais reencarnar", devendo ficar para sempre no mundo dos mortos, assistindo os vivos, seus eternos filhos de santo.

Sua cabeça fora encharcada com sangue de um animal de quatro patas sacrificado e depois amarrada com um pano, especialmente trabalhado para não apodrecer em contato com a terra, numa espécie de mumificação. Junto ao sepulcro, em rito para a imantação do corpo astral do defunto na contraparte etérica do espaço físico onde habitava a tribo, foi enterrada também a pedra – mineral – de seu Orixá regente de cabeça e demais materiais consagrados por anos de atos litúrgicos, inclusive a "faca" mortal e os vasilhames onde se recolhiam o sangue e as vísceras utilizados nas oferendas pessoais da ex-sacerdotisa, bem como todos os demais amuletos, guias e talismãs.

Como a Lei vale para todos, com a desintegração da tribo pelo comércio de escravos, os eguns não foram mais alimentados com os eflúvios etéricos das comidas, dos pedaços de animais e do sangue votivos. Inevitavelmente, a ex-sacerdotisa teve de reencarnar e, nos dias de hoje, vê-se em faixa de ressonância vibratória do passado, pelo fato de estar na mesma idade cronológica em que aconteceu, no passado, sua iniciação no rito ancestral de egum, o que lhe causa as perturbações no presente. Foram desfeitos, no Plano Astral, os campos de força que estavam vibrando e retendo uma comunidade de Espíritos dementados, desnutridos e extremamente hipnotizados nos objetos dos antigos Orixás, liberando-os para atendimento no hospital da Metrópole do Grande Coração*, complexo astral da linha do Oriente que nos assiste na corrente de cura e desobsessão do Senhor Pena Branca. A consulente nunca mais sentiu dor de cabeça e continua exercitando normalmente sua mediunidade na Umbanda, sem necessidade de ritos ou oferendas que requeiram ceifar a vida de um animal.

É interessante observar que muitos dos Espíritos atendidos só aceitaram o socorro de entidades paramentadas como sacerdotes tribais das nações do pretérito, o que demonstra que a diversidade da Umbanda ampara igualando no amor universal todos os seres na dimensão suprafísica, ficando os preconceitos e as posturas refratárias exclusivamente como responsabilidade dos homens e das religiões e doutrinas sectárias.

E quanto às denominadas "brigas de santo"? Já escutamos histórias de quizilas em que dois "Orixás" estariam brigando ferrenhamente pela cabeça do médium. Há, inclusive, casos de desmaios, em que o "Orixá" toma conta do corpo mostrando sua força, o que muito envaidece os médiuns pela incorporação forte. Peço que nos oriente em relação a esse tema, que leva muitos irmãos "umbandistas" a procurar locais assim para "assentar" seus "santos"?

Sem dúvida, a cada um é dado conforme sua capacidade de compreensão e consciência da Espiritualidade. Guias, protetores ou entidades benfeitoras da Umbanda jamais brigam** entre si pela posse de um

---

*Maiores informações no capítulo "A Metrópole do Grande Coração", da obra *A vida além da sepultura*, de Ramatís e psicografada por Hercílio Maes.

**A pretensa "briga de Orixás" é mais uma das grandes confusões que geram graves distorções entre o corpo mediúnico de um terreiro. Não é raro que determinada pessoa vá pela primeira vez a um terreiro e, seguindo orientação de uma "entidade incorporada", já na sessão seguinte participe dos trabalhos mediúnicos. Na maioria desses casos, a pessoa não é médium, então o "pai de santo" faz de tudo para colocar na cabeça da pessoa um "Orixá", que, é claro, não existe. Surgem então as dificuldades para "incorporar" aquilo que ele não tem. Depois vem a desculpa de que os "Orixás" estão brigando pela "valiosa" cabeça do filho. O "pai de santo" determina que sejam feitas obrigações com comidas e sangue, boris e outras sandices que vão carrear larvas astrais, provocando problemas de saúde e desestruturando a vida da pessoa. Existe também a incongruente "disputa" entre os "Orixás", em que dizem que os "Xangôs" não baixam no reino quando "Ogum" está e vice-versa. Na verdade, a briga é dos médiuns, que deixam seu inconsciente aflorar de forma desordenada e põem para fora as diferenças com outros membros da corrente mediúnica. Por tudo que o leitor já viu, fica fácil entender que essas confusões são completamente alheias à verdadeira Umbanda. Nem todos são médiuns, tampouco podemos classificar qualquer terreiro como de Umbanda. Vejam o capítulo "Briga de Orixás", da obra *Umbanda, um ensaio de ecletismo*, de Diamantino F. Trindade.

médium. A expressão mediúnica é um acontecimento natural que depende da anterioridade do Espírito em outras encarnações e do fortalecimento dos laços morais, para o auxílio ao próximo, no sentido de propiciar o natural enlaçamento vibratório entre entidade e aparelho para a caridade.

Por outro prisma, verdadeiramente existem sérias disputas pelo corpo físico de certos sensitivos, que serão fornecedores de fluidos, sensações e gozos para o além-túmulo, verdadeiros repastos vivos do "lado de cá", simulacro de divinização, como se o veículo denso humanizado fosse um templo sagrado que abrigará o "Orixá". Assim, enxameiam entidades vaidosas, concupiscentes e sedentas de vitalidade animal, perdidas em ritos iniciáticos tribais do passado remoto, empurrando-se em torno do chacra coronário com o intuito de se apoderarem da glândula pineal do médium (sede da mediunidade) e fazerem dele seu escravo, intento que se concretiza com a raspagem do cabelo e a colocação de sangue quente jorrado do animal imolado direto na incisão feita no alto da cabeça.

Observações do médium

Há tempos, presenciei a convulsão de uma consulente em plena sessão de caridade durante o passe. Foi marcado um atendimento em dia específico. Era uma bonita jovem de 24 anos que desde os 19 sofria desmaios convulsivos não explicados pela medicina, cada vez mais recorrentes e acompanhados por outra expressão de seu psiquismo: adquiria voz gutural e contorno psicológico dominador e violento, dançando e exigindo sacrifício de animal de quatro patas. Em diversas ocasiões do surto sonambúlico, raspou a cabeça e fez retalhos nos braços com gilete, deixando o sangue esvair-se num aparente processo de autoflagelação, exigindo que a deitassem para o "santo". Essa irmã, católica e sem nenhum parente praticante de ritos afro-brasileiros, procurou a Umbanda por sua livre vontade, seguindo seu próprio discernimento, embora muito perturbada e enfraquecida. Na frente do congá, manifestou-se uma entidade mentalmente fixa nos rituais da África antiga, que fora iniciada com o sacrifício de um bode. Muito alta, careca e musculosa, de sexualidade indefinida, feições e crânio marcados com pequenos círculos feitos com uma espécie de tinta, exigiu que a moça "fizesse o santo", fixando-se (ele, o Espírito) na cabeça da atendida para que se tornasse proprietário de seu corpo físico, afirmando que com isso tudo melhoraria para a encarnada, que precisava urgentemente daquilo.

Ato contínuo, Vovó Maria Conga, Preta Velha que nos dá cobertura, conversou com a entidade dizendo que os tempos eram outros, tempos para se praticar o Evangelho e propagar o amor do Cristo, e que ele precisava compreender essa mudança, pois o livre-arbítrio da filha impunha outro caminho, de reequilíbrio, por seu esforço individual e pela vontade expressa de servir ao próximo na caridade umbandista, em nome de Jesus. Imediatamente, também enxerguei pela clarividência dois enormes, esbeltos e bonitos negros entrarem no templo. Estavam paramentados com vestuário sacerdotal da antiga África, seguraram a entidade perturbada e perdida no passado remoto pelos braços, dizendo que iriam levá-la a um local no Astral, afim com seu merecimento e onde ela seria instruída e iniciada em culto ancestral de sua nação familiar, peculiar à sua encarnação como ex-sacerdote. Posteriormente, seria conduzida a outro local físico para ser assentada com um aparelho mediúnico em correspondência vibratória justa com o momento evolutivo de ambos, encarnado e desencarnado. Do contrário, o Espírito em questão continuaria enlouquecido na crosta, obsediando outros sensitivos deseducados. Logo após essa ocorrência, manifestaram-se vários Espíritos hipnotizados com a cena do sacrifício animal, que era constantemente plasmada pela força mental da entidade encaminhada, o que os atraiu por afinidade, gerando um bolsão de sofredores do umbral, presos à consulente.

A partir de então, a atendida nunca mais teve nenhum transe convulsivo e está perfeitamente integrada à sua mediunidade na Umbanda. Por último, Vovó Maria Conga informou que o encaminhamento da entidade desencarnada a outro culto não ocorreu por iniciativa dos benfeitores da Umbanda, e sim pelos zeladores dela, o que foi consentido simplesmente por respeito ao livre-arbítrio do encaminhado, que prontamente aceitou ir ao Astral encontrar-se com sua "família de santo", comunidade ritualisticamente afim com seu entendimento espiritual e momento evolutivo cármico.

É interessante comentar que a entrada dos sacerdotes visitantes no templo, no Astral, ocorreu a pedido deles, o que foi autorizado pelos guias, com o devido acompanhamento dos Exus guardiões que dão cobertura ao grupo e a esse tipo de trabalho caritativo.

O que é "arriar" uma oferenda? É só colocar no chão de terra batida ou na encruzilhada da via urbana?

Os antigos sacerdotes negros dos clãs tribais, iniciados e hábeis manipuladores das energias ocultas do planeta, entendiam que todo o trabalho que tinham para entrar nas florestas, escolher e separar as folhas, macerá-las para retirar o sumo, localizar flores às margens de cachoeiras e riachos, frutas e raízes nas matas seria inválido se não fosse bem "arriado" na natureza. Na cosmogonia das religiões africanistas, especialmente a iorubá, o ato de "arriar" uma oferenda estabelece e perpetua uma troca de força sagrada entre dois mundos: o divino oculto e o profano visível; tudo é energia e tem mais afinidade com este ou aquele Orixá. Essa energia deve estar sempre em movimento em ambos os sentidos: entre o plano concreto-material e o invisível-astral. Assim como a água em seu ciclo sucessivo de chuva, evaporação, resfriamento e degelo, a dinâmica de transferência energética é considerada essencial e parte da vida.

Está claro que nenhuma oferenda supera a fé e a confiança no Divino que jaz dentro de cada criatura. O ato de amor à natureza, e que ocasiona o sentimento de caridade, auxílio ao próximo e preservação da vida animal, difere em muito da busca do "divino" em favorecimento próprio, disposição solitária e egoísta fundamentada na matança dos irmãos menores do orbe que servem de repasto não a Espíritos de luz, mas a entidades que precisam da vitalidade fluidificada pelo sangue e "arriada" nas encruzilhadas de ruas urbanas para continuarem plasmando suas cidadelas de prazer no além-túmulo.

Contudo, atentem-se que muitos dos cidadãos que se enojam diante dos despachos nas esquinas, quando vão, ainda durante a manhã, sonolentos em deslocamento para o trabalho, sentindo-se superiores aos "crioulos" atrasados, em seus encontros semanais nos centros assépticos louvando hosanas ao senhor, esquecem-se de que perante a equanimidade do Incriado (o Deus único), o bife acebolado sobre a mesa também foi um inocente porquinho, vaca ou javali, morto pelo ser humano para encher a barriga de outros de sua espécie. O ente que come não é menos responsável perante as leis universais que aquele que mata.

Embalados em caixas coloridas que hipnotizam a mente diante das prateleiras dos mercados perfumados, com funcionários sorridentes, o mesmo acontece com o empanado de frango, o hambúrguer e a salsicha do cachorro-quente, todos mastigados para saciar a fome animalesca dissimulada dos homens civilizados.

Como as práticas mágicas populares, que se formaram com o sincretismo, repercutiram nas oferendas desses ritos e cultos distorcidos, erroneamente confundidos como de Umbanda pela sociedade, que exige cada vez mais uma postura ecológica, de preservação dos animais, da natureza e do meio ambiente urbano?

A transmissão oral de conhecimentos foi enfraquecida de geração a geração, fazendo a comunidade afro-brasileira perder os referenciais históricos de sua religiosidade durante o processo de inserção social, após a alforria dos escravos. Ao longo do tempo, e de forma crescente, muitas das oferendas e iniciações originais das religiões de matriz africana foram se transformando em despachos e rituais descaracterizados, grosseiramente distorcidos*, tudo sendo entendido, popularmente, como ritos da Umbanda, em especial por sua abrangência sincrética com outras religiões.

Todo e qualquer sacrifício animal ritualístico com derramamento de sangue contribui para o fortalecimento das baixas zonas umbralinas que tangenciam o orbe terrícola. Por outro lado, compreender a origem de certas práticas, inserindo-as num contexto histórico, sem julgamentos belicosos, irá conduzi-los ao raciocínio, à melhor compreensão dos descalabros que acontecem na atualidade, em nome de uma falsa Umbanda e dos pretensos "exus". É preciso discernirem o que ocorreu nas metrópoles ao longo do tempo e as mudanças ambíguas que estruturaram as

---

*"O sangue é a essência da vida. Assim como ele gera o axé, pode prejudicá-lo; se houver excesso de sacrifícios, isto provocará saturação. Quando fazemos uma oferenda ou realizamos trabalhos, eles permanecem por um período necessário na Casa. Após esse período, eles são despachados em locais apropriados. A demora nesses despachos gera uma atração negativa, já que eles devem ser consumidos pelo 'povo da rua' (Espíritos menos evoluídos)" (*Os Orixás e o segredo da vida – lógica, mitologia e ecologia*, de Mario César Barcellos).

práticas mágicas populares, com seus ritos e cultos sincréticos distorcidos. Uma transformação enganosa e significativa disso ocorreu no padê*, rito totalmente distorcido ao sair do interior das senzalas: o sacrifício deixa de ser interpretado como um intermediário entre o sagrado e o profano, entre os Orixás e os filhos de fé, como o era originalmente nos ritos primários das nações africanas antigas e seus clãs tribais.

Além de se cultuar erradamente "exu", porque ele seria cruel, ciumento, podendo de forma personalista encerrar a cerimônia litúrgica ou interromper a dança dos "Orixás" manifestados, a demonização se acentua no que se refere ao lado mágico da divindade, transformando o padê original em ebó, oferenda adaptada: como o resto do padê deve ser jogado fora, na rua, os sacerdotes venais supuseram que um pouco do axé (força mística) ali continuava a palpitar no galo sacrificado. Logo, essas lideranças religiosas mal-intencionadas transformaram intensivamente o ebó oferenda religiosa divinatória de "exu" em ebó oferenda mágica de obsessores pagos. Daí em diante, supostamente, as forças maléficas de "exu" estão no animal sacrificado que é colocado na encruzilhada da rua por onde o alvo ou desafeto a ser destruído passará. Isso acontecendo, trará infelicidade e desgraça ao indivíduo visado. Este é o cerne da questão, o pano de fundo do triste e deprimente cenário que vocês verificam diuturnamente nas vias públicas, especialmente ao acordar nas manhãs de sábado, poluídas com galos, cabritos, cães e sapos sacrificados, expostos à putrefação diante de cidadãos sonolentos e apressados rumo ao trabalho, que descuidadosamente tropeçam em garrafas de cachaça, velas pretas e vermelhas, vísceras, penas, pelos e farofa abundantes.

O que pode nos dizer quanto aos sacerdotes dessas práticas mágicas populares, que realizam despachos nas encruzilhadas urbanas com restos de animais, em nome de consulentes que pagaram para a rápida consecução de apelos materiais, impondo ordens de trabalho aos Espíritos conhecidos como "povo da rua", que ficam imantados ao poder mental desses mandatários?

---

*Padê: rito propiciatório que ocorre antes do início das cerimônias públicas ou privadas das religiões afro-brasileiras e que consiste na oferenda a "exu" de animais votivos sacrificados, alimentos e bebidas, para que este não perturbe a festa e faça as vezes de mensageiro na obtenção da boa vontade dos "Orixás" que serão chamados a descer; popularmente conhecido como despacho.

A benevolência do Alto permite que todos os irmãos de caminhada evolutiva obtenham alívio às suas dores, assim que houver merecimento.

Pelo exercício do livre-arbítrio, enxameiam nas vias urbanas da crosta hordas de Espíritos maltrapilhos que, quando encarnados, foram viciados, maníacos sexuais, cáftens, prostitutas, marginais, assassinos, traficantes e enfermos psíquicos diversos que se locupletam atrás dos gozos sensórios oferecidos pelos corpos físicos (repastos, canecos e piteiras vivas) que eles não têm mais e pelos restos de comida, ocasiões em que se empurram como irracionais focinhando na lama para "aspirar" os fluidos eterizados dos alimentos putrefatos ou em decomposição cadavérica, para saciar suas entranhas e seus "estômagos" famélicos.

Ao imporem suas distorcidas ordens de trabalho, esses médiuns ocupantes de cargos sacerdotais criam potentes campos de força de baixo magnetismo, em decorrência da energia liberada nesses despachos que utilizam cadáveres de animais votivos (sejam sacrificados em iniciações ou não), escravizando essas entidades sofredoras que estão fixas nesses bolsões, perambulando pelas ruas. Essa situação é mantida muitas vezes por toda a encarnação do sacerdote mandatário, que tem essas ordens de trabalhos fortalecidas por meio de poderosos magos negros do Astral inferior. Esse aprisionamento hipnótico do "povo da rua" gera pesadas consequências nas leis de causa e efeito para ambos, aprisionador e aprisionado. Acontece que a Lei Maior, que a todos iguala na horizontalidade da morte física, um dia contempla o poderoso sacerdote mandatário do mundo dos "vivos" com o passaporte para além-sepultura. Quando acorda do "lado de cá", não é mais motivo de interesse dos terríveis magos negros das potentes organizações trevosas que há milênios vieram de outros orbes para a Terra, pelo simples fato de não conseguir mais oferecer a vitalidade animal do sangue que os mantém.

O "pobre" Espírito, ao enxergar a gélida lápide sepulcral com seu nome de "vivo", desperta para a realidade universal e grita em desespero pela ausência de seus comparsas. Ele que um dia foi destemido invocador de encruzilhadas, uma temerária mão de corte ritualístico pela força do axé dos "Orixás", que com arrogância escravizou os Espíritos discriminados como "povo da rua", vê-se repentinamente sozinho, sem suas insígnias sacerdotais, mandalas magnéticas, símbolos de poder e ordens de trabalhos, rapidamente aprisionado nas vias urbanas no meio do bolsão de escravos de outrora, sofrendo o justo efeito de retorno de seus atos passados, agora como prestador de serviços à horda de entidades que dominava mentalmente quando era "forte" sacerdote na Terra, sendo condenado aos mais decadentes atos de tortura que a sordidez humana pode conceber. Muitas reencarnações retificadoras serão necessárias para que todos os envolvidos nesses novelos de magismo negativo se equilibrem com a Divina Luz novamente.

Cessando as sanguinolentas oferendas votivas, os escravos percebem que podiam ter sido recolhidos pelos Espíritos benfeitores a estâncias de recuperação, a fim de se encontrarem em outras condições evolutivas, não fosse a imantação ao poder mental do encarnado. Ficam com enorme ódio e não conseguem "quebrar" as portas dessa cadeia que os perpetua como dependentes psicológicos e mão de obra barata para os mais decadentes trabalhos de magismo negativo, caindo sob o domínio de outro sacerdote encarnado e reiniciando, assim, um ciclo quase infinito que realimenta em simbiose a crosta e o além.

A nosso ver, a assimilação equivocada do verdadeiro Exu da Umbanda com o inexistente demônio popularizado pelos crentes católicos e evangélicos contribui para a acirrada perseguição religiosa das igrejas neopentecostais, que genericamente atacam toda a comunidade umbandista. Em sua opinião, isso não é contraditório e injusto?

Na verdade, as leis cósmicas que regem a harmonia universal desconhecem a contradição e a injustiça. Assim como os sacerdotes negros que vieram como escravos tinham sido, em eras remotas, ferrenhos conquistadores, ditadores, generais e soldados de impérios dominadores do pretérito, perseguidores das religiões nos territórios conquistados, a reencarnação coloca ex-inquisidores opulentos como ovelhas tosquiadas de suas parcas moedas diante de pastores e bispos, em nome do dízimo que garante o salvo-conduto para as regiões paradisíacas.

Os mesmos que atacam os umbandistas e têm como meta aumentar o rebanho do bom pastor, fechando o maior número possível de terreiros na vizinhança, são liderados por organizações sedentas de dominação coletiva, de grande poder mental, angariando abertamente novos cofres vivos pela hipnose amparada pelo verbo fácil, acumulando riquezas para a abertura de novas igrejas "em territórios a ser conquistados", com outros terreiros que devem ser fechados.

A Umbanda não distingue o bem e o mal aos moldes judaico-cristãos ocidentais. Preconiza, fundamentada nos valores crísticos, universais, a possibilidade de felicidade, numa teologia que libera os adeptos da compunção lacrimosa de sofrer nas entranhas da carne os pecados praticados, desoprimindo da autoflagelação psíquica. Isso acabou criando uma armadilha ante as populações crentes, evangélicas, católicas e neopentecostais: os Espíritos de Pretos Velhos, Caboclos e Crianças, bons e virtuosos, teceram a representação do bem, equiparados aos mentores kardecistas e aos santos canonizados. A aplicação da Justiça cósmica é entendida precariamente pela maioria, que, inadvertidamente, a interpreta como sendo o mal, o sofrimento.

Agrava-se essa dissonância com a prática desmesurada de cobrança de trabalhos mágicos, amarrações e despachos pelos motivos mais rasteiros, mundanos, em que vários terreiros de práticas mágicas populares, distorcidas, competem na busca dos fiéis, cada vez mais escassos, na tentativa de sobrevivência do "pai" ou "mãe de santo" e para a manutenção das despesas. Nessa competição, para mostrar quem tem o axé (força) mais eficaz, faz-se qualquer trabalho, atendem-se todos os pedidos pagos, de aborto a desencarne encomendado com despacho sanguinolento em porta de cemitério, encaminhados para os cultos de "exus" e "pombagiras", identificados erroneamente como Espíritos diabólicos da "Umbanda". Isso se agravou com o tempo, visto que muitos sacerdotes das religiões afro-brasileiras se "umbandizaram", estruturando um tipo misto de religião.

Estando a mesa posta e o prato servido, apresenta-se o comensal esfomeado, um novo pentecostalismo que "materializa" o diabo, personificado nos terreiros adversários, ali na esquina a poucos passos. O demônio visível, palpável e identificado deve ser humilhado, perseguido, torturado e vencido. Logo se demonstram nos transes rituais no interior das igrejas, nas sessões de descarrego, os médiuns desertores da "Umbanda", submetidos sem complacência aos exorcismos, com a finalidade de enxotar os "acompanhantes" demoníacos em nome do "Espírito Santo".

Igualam-se, pelas leis cósmicas, pastores ludibriadores da fé e pais de santos venais, atrito necessário que desperta as lideranças da Umbanda da letargia e acomodação, invocando os prosélitos ao estudo e a entender o que é a verdadeira Umbanda.

A Divina Luz da Umbanda é igual Àquele que tudo vê acima dos jardins dos Orixás. Ela rege o instinto de sobrevivência de seus filhos, como se fossem pássaros em voos sazonais. Os que não conseguem chegar ao destino migratório, pela desnutrição que os imobiliza, são assentados, por misericórdia, em galhos de árvores encontradas no caminho. O povo de Aruanda, majoritário, segue firme rumo ao horizonte solar, luminoso, que o fortalecerá cada vez mais. Indubitavelmente, os umbandistas caminham mais unidos e preocupados com a preparação dos fiéis após o início dos ataques evangélicos das igrejas neopentecostais, que, ao apontarem as feridas e os desmandos das práticas mágicas populares, contribuem decisivamente para o fortalecimento da Umbanda, diante da constatação de que cada vez mais é necessário esclarecer o que não é prática umbandista.

Observações do médium

Após o término da obra *Vozes de Aruanda*, reservei um pequeno período para descansar a mente. Passei alguns meses sem escrever, só mantendo as tarefas mediúnicas habituais. Toda vez que pensava em voltar a psicografar, acabava por me envolver em outras atividades. Assim que comecei a psicografar este livro – *A missão da Umbanda* –, sem explicação racional, senti um medo que me apertava o peito e, ao mesmo tempo, um ódio dos amigos Exus. Certa noite, meditei fervorosamente, após adequado relaxamento, concentrando-me sobre o que estava acontecendo e pedi auxílio aos protetores espirituais para que as respostas viessem a mim durante o sono físico, no desdobramento natural do corpo astral.

Ao dormir, vislumbrei-me num quadro clarividente dentro de um belíssimo templo de uma igreja evangélica muito conhecida. Entre pregações e recolhimentos dos dízimos com promessas salvacionistas, os pastores me tratavam educadamente e com toda a atenção. Em determinado momento, chegou a minha vez de falar. Lembraram-me de que deveria fazer como das vezes anteriores, não mencionar a filosofia orientalista, nada de reencarnação, livre-arbítrio e merecimento. Devia realçar os evangelistas conforme estava na Bíblia. Eu respondia que respeitava todas as doutrinas, que não teria problema, adaptaria os conhecimentos de acordo com as consciências que ali estavam. Era como se eu fosse uma marionete, sem vontade própria. Acabei compreendendo a enorme força mental que mantinha aquele templo, muito vistoso em sua parte astral e terrena, provavelmente localizado na cidade de São Paulo, pelo característico sotaque dos obreiros e demais convertidos presentes.

Logo após, alguns pastores me conduziram a um amplo salão em cujo centro, em alta e fina cadeira, usando acabado terno, educadíssimo e incomparável comunicador me aguardava. Frente a frente, eu e o bispo maior da igreja iniciamos uma conversação. Ele me perguntava sobre como estava me sentindo em meu estágio no templo. Eu lhe dizia que não voltaria mais, que havia entendido o que estava acontecendo e que meu lugar era outro. Com fala mansa, metálica, dominadora, ele então me disse que a minha insistência em escrever sobre a Umbanda atrapalharia os planos de expansão da igreja. Inconcebíveis, para eles, os esclarecimentos sobre os Exus e a caridade desinteressada que estaríamos enfocando, uma vez que seus opostos eram os "cavalos de batalha" deles, nas sessões de descarrego e libertação. Eu argumentava que a base de divulgação doutrinária pela qual eles estavam se conduzindo era inverídica e que a população inculta das verdades espirituais se impressionava facilmente pelas histórias diabólicas de encostos, o que a levava a catarses coletivas, anímicas, verificadas nas sessões, denotando a exploração fenomênica dos distúrbios psíquicos dos que iam em busca de auxílio. Mesmo que isso causasse alívio momentâneo, era dispensável aos olhos do Incriado, pois eles, seus propaladores, tinham discernimento desse estado de coisas, o que implicava sérios compromissos com as leis divinas.

O bispo não aceitava minha opção espiritualista, mostrando-me o bem-estar causado em seus crentes, e afirmava que isso era o que valia. Eu dizia que não estava ali para fazer julgamentos. Invoquei as leis cósmicas e os ditames superiores de equilíbrio que regem as religiões existentes na Terra, em conformidade com as consciências que as procuram, o que deveria levá-las ao respeito mútuo, e não a ataques raivosos umas contra as outras, em especial a deles, desmerecendo a Umbanda. Afirmei que não abriria mão de meu compromisso com os amigos espirituais em favor da verdade umbandista. Lamentei que isso pudesse lhes atrapalhar, argumentando que não era uma intenção pessoal. Decidido, pedi para voltar ao corpo físico e não ser mais procurado por eles, visto que não tínhamos mais nada a conversar.

Ao retomar para casa, me vi numa estrada seguindo um ponto de luz ao horizonte, tendo à minha esquerda uma gigantesca e assustadora cobra (semelhante à do filme *Anaconda*) que me seguia irada, entrando e saindo da terra, rastejando velozmente. Ao acordar, entendi que a enorme forma-pensamento do ofídio assustador era a dominação mental coletiva dessa igreja-organização do umbral, um painel pictórico, simbólico, plasmado no Astral, que os amigos espirituais me permitiram ver para que eu despertasse do medo que paralisa muitos irmãos na seara do espiritualismo quando a verdade emanada da Justiça Cósmica, de que podem ser porta-vozes pela mediunidade, contraria interesses de dominação mental, ganhos e promoções personalistas enraizados em quase todas as religiões e doutrinas terrenas.

Sobre a manutenção da prática de sacrifícios de animais em certos cultos afro-brasileiros, o que tem a nos dizer?

Cada culto preserva suas características peculiares, que satisfazem às consciências aglutinadas nas instituições da Terra. Não devem tecer julgamentos, mesmo nas situações lamentáveis de manutenção dos dispensáveis sacrifícios animais que ainda são defendidos por muitos nesses cultos. Estes fazem isso em prol do direito de sacralização dos templos, de veneração ao sagrado e divinização dos Orixás por meio do corte ritualístico, com o objetivo de fazer a ligação do profano com o sagrado, tudo em nome da liberdade religiosa, como se não pudessem se religar com o Divino pelo esforço interior. É um comportamento dissociado no tempo, deslocado psicologicamente para as práticas dos clãs tribais, há centenas de anos nos territórios africanos.

É inconcebível matar em nome dos Orixás, que são aspectos vibracionais do Divino, que é todo amor. Além de tudo, matam em nome de um falso divino, num ato ritualístico em que a faca afiada é manejada habilmente por um sacerdote que só faz isso e que sabe perfurar com precisão cirúrgica, até chegar no ápice da barbárie atávica que leva ao êxtase com entoação do cântico fatídico, que sinaliza autorizando a cortar a cabeça do indefeso animal. Esse ato instiga a centelha espiritual que o anima a uma luta instintiva para permanecer no veículo físico, o que, por um mecanismo de causalidade vibratória, imanta os Espíritos sedentos da vitalidade corpórea no despojo carnal quente, eivado de tônus vital, a continuarem chumbados na crosta como se estivessem "vivos", no solo poeirento e árido da antiga África.

Há de se aguardar a inexorável ferramenta do esclarecimento que instrui, para que a dependência psíquica dos sortilégios e fetichismos diminua.

Afirmamos que as práticas dos sacrifícios animais não têm nenhuma relação com o movimento de Umbanda organizado no Plano Astral, que é todo amor, humildade, simplicidade e caridade aos cidadãos da Terra. É certo que os benfeitores espirituais respeitam o livre-arbítrio, mesmo quando se imola uma ave que fica exposta putrefata em despacho de encruzilhada. São lamentáveis os atos insanos contra os irmãos menores do orbe (os animais) em troca de moedas. Assim como vocês, os animais são criações divinas e Espíritos, portanto têm os mesmos direitos à vida.

Que Oxalá esparja Seu manto de caridade sobre as práticas indevidas em nome da Umbanda! Chegará o momento cósmico em que cada praticante desses atos distorcidos prestará contas à contabilidade sideral.

Quanto às classificações em diversos cultos, isso está de acordo com o estágio de consciência coletiva, que se estrutura em pequenos agrupamentos como células e moléculas que se somam formando um organismo maior. As separações definem o mediunismo na Terra, uma vez que seus habitantes não conseguem vivenciar nas almas o universalismo. A unificação ocorrerá quando for de senso comum a tarefa enfocada na essência do amor e da caridade, e não no meio pelo qual essa essência sublimada se manifesta aos escassos sentidos humanos, ainda presos na forma física transitória.

Alguns "pais de santo" exploram uma suposta identidade entre seus ritos e o cristianismo, apoiando a necessidade das oferendas com derramamento de sangue de nossos irmãos menores. Eles argumentam que na liturgia eucarística existem as oferendas, em que as obras da Criação e dos frutos do trabalho humano, pão e vinho, são colocadas no altar do sacrifício. Reforçam esse ponto de vista dizendo que Jesus, ao final da ceia com os apóstolos, disse: "Tomai, todos, e bebei; este é o cálice do meu sangue, o sangue da nova é eterna aliança, que será derramado por vós e por todos em remissão dos pecados. Fazei isto em memória de mim". Quais as suas conclusões sobre tão difícil tema?

A interpretação das escrituras, mesmo as do *Novo Testamento*, dá margem a distorções, de acordo com o interesse pessoal do interpretador. Infelizmente, o que é reconhecido como cristianismo na sociedade se vincula à religião católica, a qual manteve o legado de Jesus vivo na memória coletiva desde o calvário na cruz, bem como muito infantilizou as populações com seus dogmas infalíveis e poderosos papas.

O "ser cristão" se estreita diante da amplitude do "ser crístico", uma vez que o legado do Cristo-Jesus é universal e localizado em várias vertentes filosóficas e religiosas materializadas no planeta. Há de se alargar as interpretações estandardizadas. O simbolismo "tomar e beber o cálice do sangue de Jesus" deve vivificar os seres para interiorizarem os postulados evangélicos, vitalizando-os espiritualmente a praticar a boa-nova, assim como a circulação sanguínea faz com todos os órgãos físicos.

O pastor que toma conta do rebanho, procurando unir as ovelhas dispersas na escuridão e diante de nuvens sombrias, conclamando seus seguidores para que localizem as que se encontram perdidas, além de reconduzir as extraviadas, enfaixar as de patas quebradas, fortalecer as doentes e vigiar o carneiro gordo e forte, fazendo justiça entre uma ovelha e outra, entre bodes e cabritos, não recomenda ceifar cruelmente uma vida animal em remissão dos pecados. Pela letra das escrituras, na parábola, os justos perguntam: "Senhor, quando foi que te vimos com fome e te demos de comer? Com sede, e te demos de beber? Quando foi que te vimos como estrangeiro e te recebemos em casa; e sem roupa, te vestimos? Quando foi que te vimos doente ou preso, e fomos te visitar?".

Então o rei lhes respondeu: "Em verdade, vos digo que todas as vezes que fizestes isso a um dos *menores de meus irmãos* foi a mim que o fizestes!"

É inconcebível supor matança animal recomendada pelo Divino Mestre.

A herança do reino que o Pai preparou para cada um de Seus filhos, desde os primórdios em que fostes criados como Espírito imortal, é uma só: a unidade igual para todos, calcada nas leis cósmicas universais. No exercício do livre-arbítrio individual se agrava a situação dos cidadãos travestidos de sacerdotes que impregnam as palavras do Cristo-Jesus com personalismos afins à coletividade que os ouve, criando sérios compromissos recíprocos quando utilizam as escrituras sagradas de outras religiões e conspurcam conteúdos doutrinários em proveito pessoal, mantidos em suas necessidades materiais de vender trabalhos milagreiros, com as tristes matanças dos irmãos menores do orbe.

Em seu entendimento, quais as deficiências das práticas mágicas populares, do ponto de vista crístico?

Não somos afeitos a apontar deficiências, sabedores de que tudo no Cosmo está em seu devido lugar. Tudo, inexoravelmente, se transforma, e as consciências retidas na temporalidade imposta pelas reencarnações sucessivas aos poucos vão interiorizando novos conceitos, assim como uma pequena bica enche o poço fundo, ainda que demore à visão do viajante apressado.

Como toda oportunidade é compromisso e graça concedida pelos Maiorais do Espaço para instruirmos amorosamente os irmãos da Terra receptivos às nossas ideias, arriscamos tecer alguns pontos de vista de acordo com a Causalidade Maior que rege os movimentos ascensionais dos Espíritos, nada impondo, uma vez que ninguém é obrigado a concordar com nosso singelo modo de pensar.

A forma fixa – em que nada é passível de modificação no relacionamento do fiel com seu "Orixá", mais cedo ou mais tarde tudo acontecendo como fora definido pelo "santo", muitas vezes conduzindo a um destino inflexível e cruel, se não for alimentado por infinitas oferendas – não está de acordo com o exercício do livre-arbítrio, o direito cósmico de cada cidadão, muito menos se enquadra na Lei Cósmica o merecimento do indivíduo em relação a tantas benesses alcançadas e pagas, dispensando seu esforço. Cada vez mais, assertivas como "o Orixá falou e pronto!" devem ser colocadas sob o crivo da razão, desbastando fetichismos. Ninguém é obrigado a se entregar a um destino imutável e predefinido.

Na estrutura crística, que gera a harmonia universal, não há lugar para a falta de liberdade na semeadura dos filhos de Deus, mesmo que a colheita seja obrigatória. Todo e qualquer processo desarmônico na existência do cidadão passa pelo Espírito. O princípio de dar e receber, por meio das oferendas votivas, proporciona dispensa do esforço pessoal e da reforma íntima, numa relação interesseira com um falso divino. Há de se instruir cada vez mais para acabar com a mentalidade de comércio com o "santo", em que a ideia de conseguir vantagens movimenta os filhos de fé para o alcance de seus interesses fundamentados na lei do menor esforço, desde que se conceda ao dito "Orixá" a oferenda recomendada para o fim em questão.

Sem dúvida, o mercado concorrente entre os "pais de santo" e a falta de unidade entre os diversos terreiros fragmentam as práticas ritualísticas de acordo com o modo pessoal de cada liderança, favorecendo os desmandos em nome da fé dos que os procuram. As eternas desconfianças mútuas, os melindres, os ciúmes e as vaidades dissimuladas entre os sacerdotes enfatizam o exagerado caráter de segredo de seus rituais, na tentativa inútil de preservar o poder, visto que eles detêm o conhecimento mágico milagreiro.

É enorme a distância existente entre a ética exercida por esses dirigentes e o legado moral contido no Evangelho de Jesus. O Divino Mestre contou segredos, instruiu multidões, realizou "milagres" ao sopé das montanhas e iniciou séquitos com o amor e a mansuetude do cordeiro por todos os Seus semelhantes, quando muito impondo as mãos.

Há "umbandistas" que defendem, pelo fato de a Umbanda não ter unidade doutrinária, o axé (a força vital) do sangue como necessário em alguns trabalhos. Esclareça-nos, por favor.

A diversidade umbandista demonstra a variedade de consciências em evolução retidas no ciclo carnal. Cada chefe espiritual tem liberdade de impor mudanças nas práticas ritualísticas dos diversos terreiros. Contudo, é imperioso o estabelecimento de limites, num cenário em que a unidade na diversidade comporta variação nos ritos.

O que se observa nos ritos introduzidos e preservados na Umbanda das religiões afro, com raízes nas diversas nações daquele antigo continente, é que perderam ao longo do tempo sua linhagem e força doutrinária, seu axé, em seus aspectos positivos e benfeitores. O culto aos Orixás, que originalmente tinha no corte e no sangue seu ato de força culminante nos clãs tribais do interior africano, não se justifica no terceiro milênio e não deve fundamentar, na Umbanda, atitudes de ligação com o sagrado que adquirem contornos excessivamente personalísticos, de acordo com cada indivíduo que chefia o terreiro, conduzindo a infinitas variações de centro para centro, adaptadas aos mais diversos interesses mundanos e mercantilistas. De todo modo, pelas leis cósmicas, isso deve ser respeitado, mesmo em rituais distorcidos, uma vez que cada um colhe o que semeia, e não temos o direito de julgar ninguém.

Todavia, impõe-se informar à comunidade que nos é simpática, afirmando que é dispensável o corte ritualístico de qualquer espécie. As entidades espirituais que sustentam a Umbanda e os Maiorais do Espaço são todo amor pelos animais menores do orbe, irmãos que também são Espíritos como nós. Os atos sacros e a veneração ao sagrado, aos Orixás, na Umbanda, não se fundamentam em imolar e causar dor e sofrimento.

A verdade é que quase nenhum sacerdote que se diz umbandista e defende os sacrifícios animais preocupa-se em sistematizar suas práticas num conjunto mínimo de enunciados coerentes diante da comunidade umbandista, propiciando visão meramente pessoal, anárquica e reducionista da Umbanda, fruto da mistura desregrada de acessórios ritualísticos que enfraquecem a religião e são incompatíveis com sua essência, que é fazer a caridade, havendo perda de referenciais, o que é de interesse dessas lideranças, felizmente e cada vez mais uma minoria.

A Umbanda nasceu como um movimento organizado no Astral Superior exatamente para combater as distorções nos ritos que desencadearam todo um processo de magismo negativo que ainda impera, fortalecido no solo da nação brasileira. O que a Umbanda confronta, em sérias demandas no Astral, mantém-se pela vampirização coletiva que se sustenta pelo sangue derramado*, pela energia vital emanada dele, o ectoplasma, alimentando Espíritos densos, mais animalizados que os animais, formando simbiose com vários centros da crosta, de difícil solução a curto prazo, pela fascinação e pelo engambelo envolvidos.

Ao contrário do que muitos pensam, a diversidade do universo umbandista permite um mínimo de unidade doutrinária, de ritos, usos e costumes uniformes que caracterizam a maioria das práticas umbandistas. Pode-se afirmar, sem exclusões traumáticas, que isso ocorre ao natural na maior parte dos centros por este Brasil afora, cada dia se fortalecendo mais, desde o advento histórico do Caboclo das Sete Encruzilhadas. Seguem os preceitos da Umbanda:

1. A Umbanda crê em um Ser Supremo, o Deus único, criador de todas as religiões monoteístas. Os sete Orixás são emanações da Divindade, como todos os seres criados.

2. O propósito maior dos seres criados é a evolução, o progresso rumo à Luz Divina. Isso se efetiva pelas vidas sucessivas: a Lei da Reencarnação, o caminho do aperfeiçoamento.

3. Existe uma Lei de Justiça universal, que determina a cada um colher o fruto de suas ações, conhecida como Lei do Carma.

4. A Umbanda se rege pela Lei da Fraternidade Universal: todos os seres são irmãos por terem a mesma origem, e devemos fazer a cada um aquilo que gostaríamos que fosse feito a nós.

5. A Umbanda possui identidade própria e não se confunde com outras religiões ou cultos, embora a todos respeite fraternalmente, partilhando alguns princípios com muitos deles.**

---

*"[...] é indispensável explicar que o sangue é rico em proteínas. Por isso, a sua contraparte etérica é absorvida por entidades do submundo astral, chamadas por esse motivo de 'vampiros'. Devemos lembrar que o sangue carreia enorme vitalidade por meio da hemoglobina, proteína responsável pelo transporte de oxigênio no processo de respiração. Muitas dessas entidades inferiores não possuem essa energia, e por estarem muito materializadas precisam dela, pois sentem-se 'desvitalizadas'. Induzem então pessoas incautas a fazer determinadas oferendas [...] e, ao mesmo tempo, passam a vampirizá-las, fazendo com que se sintam 'obrigadas', atraídas, a dar oferendas periódicas. Evidente que esses Espíritos não comem os bichos, mas sugam a contraparte etérica. O mesmo acontece com o álcool (marafo ou marafa). O elemento sangue é o elo com o baixo Astral e, por isso, ele é utilizado. [...] Necessitam dessas energias vitais e se sentem fortalecidos. Essas obrigações são deletérias para as pessoas que as fazem porque se tornam escravas desses seres. Para se manterem vitalizados, induzem ou pedem diretamente, passando-se por Exus nos terreiros, oferendas nas encruzilhadas de asfalto, que são locais condensadores, sugadores dos mais variados pensamentos negativos" (*Exu, o grande arcano*, de Yamunisiddha Arhapiagha).

**Umbanda e catolicismo são diversos, apesar do sincretismo que teve raízes históricas, bem como o são Umbanda e espiritismo, embora ensinem as mesmas grandes leis milenares da Evolução, do Carma e da Reencarnação; e Umbanda e candomblé também são diversos, apesar de ambos realizarem o intercâmbio com os planos invisíveis.

6. A Umbanda está a serviço da Lei Divina e só visa ao bem. Qualquer ação que não respeite o livre-arbítrio das criaturas, que implique em malefício ou prejuízo de alguém ou se utilize de magia negativa, não é Umbanda.

7. A Umbanda não realiza em qualquer hipótese o sacrifício ritualístico de animais nem utiliza quaisquer elementos destes em ritos, oferendas ou trabalhos.

8. A Umbanda não preconiza a colocação de despachos ou oferendas em esquinas urbanas, e sua reverência às forças da natureza implica preservação e respeito a todos os ambientes naturais da Terra.

9. Todo o serviço da Umbanda é de caridade, jamais cobrando ou aceitando retribuição de qualquer espécie por atendimentos, consultas ou trabalhos. Quem cobra por serviço espiritual não é umbandista.

Observações do médium

Reforçando as normas do culto umbandista ditadas pelo Caboclo das Sete Encruzilhadas, Ramatís havia dito anteriormente tais princípios ("Umbanda, sua face", que consta na introdução da obra *Jardim dos Orixás*), os quais "uniformizam" a essência umbandista, ou seja, praticar a caridade. Todavia, como é de sua índole espiritual, procedeu sem impor ritos ou codificações que engessariam a Umbanda em sua saudável diversidade.

Quanto a esta assertiva: "formando simbiose com vários centros da crosta, de difícil solução a curto prazo, pela fascinação e pelo engambelo envolvidos", pedimos maiores elucidações. O que é um engambelo?

Nas práticas mágicas populares, por meio das liturgias e dos cultos exteriores que exageram quando evidenciam o transe ritualístico como espécie de apresentação teatral, o que mais tenta parecer que é, na verdade, não o é: Caboclos, Pretos Velhos, Crianças e Exus. Enfim, formas espirituais de entidades estruturais da Umbanda nos planos rarefeitos são propositadamente imitadas por Espíritos embusteiros de baixíssima envergadura moral e que não fazem parte do verdadeiro movimento umbandista, sedentas de se "apropriarem" da mediunidade dos aparelhos invigilantes, vaidosos, concupiscentes e facilmente enganáveis por total falta de instrução espiritual e discernimento em relação ao mediunismo.

Na genuína Umbanda, o que menos aparenta ser é o que mais representa*: a humildade e modéstia fazem Espíritos luminares "baixarem" de altas paragens cósmicas, e, "escondidos" atrás de singelos nomes de vovôs, vovós, pais, mães, tias e tios, fazem a caridade em nome do Cristo, anonimamente aproximando-se dos filhos de fé.

Os ritos de divinização dos Orixás difundidos nas práticas mágicas populares, em suas liturgias, são fundamentados no corte ritualístico, na imolação do animal e no derramamento de sangue voltado à "essência" do Orixá e das ligações com seus filhos na Terra. Os defensores dessas iniciações argumentam que elas são diferentes dos sacrifícios cruentos, das matanças que sustentam os despachos. Quais são suas elucidações quanto ao tema?

Uma vez que nos é concedida autonomia pelos Maiorais para tudo ver, no tocante ao mediunismo, o que verificamos com os olhos do "lado de cá" são posturas exteriores que tencionam justificar os sacrifícios animais como ritos de sacralização, alegando o direito de liberdade de culto, mas que nas práticas interiores são demonstradas com toda a voracidade de ganho financeiro, fazendo todo tipo de trabalho mágico. Entidades do Astral Inferior se perpetuam sustentando esses terreiros "tradicionais" na crosta. Diante da condescendência de uma sociedade majoritariamente carnívora, enredam-se práticas sanguinolentas em nome dos sagrados Orixás, mantendo a dependência vibratória e psíquica dos sacrifícios animais entre os planos de vida, o físico e o além.

Vocês precisam compreender que as entidades luminares da Umbanda, "procuradoras" das vibrações sagradas do Incriado, de Zambi, de Olorum, de Deus, do Pai Maior, todos esses nomes que simbolizam

---

*"Quando o leigo visitar um terreiro e lá verificar [...] que não há danças, profusão de colares, roupas vistosas [...], matanças, ebós, despachos, é porque ali está predominando a influência decisiva da corrente astral de Umbanda [...]. Quando o leigo visita mais outro terreiro, mesmo que digam ser de Umbanda, e vê a usança de [...] roupagens vistosas, coloridas, profusão de colares de louça e vidro, danças, aparatos, cocares, muitos fetiches e estatuetas, matanças e despachos grosseiros e se fala de 'camarinhas, raspagem etc.' [...] isso não é Umbanda" (Texto introdutório da obra *Umbanda do Brasil*, de W. W. da Matta e Silva).

um mesmo princípio divino e imanifesto, não são partícipes de assentamentos vibratórios de entidades que tomam banho de sangue, bebem-no com cachaça e comem os animais menores do orbe ainda crus, recém-sacrificados, entre outros atos de barbarismo sustentados pelo intercâmbio com as zonas trevosas da subcrosta terrícola existentes no além-túmulo. Institucionalizado o "toma lá dá cá", os pagamentos que motivam os atendimentos aos consulentes e as iniciações dos médiuns estão completamente distorcidos.

A disposição de não estabelecerem julgamentos diante da diversidade de ritos não deve sustentar a passividade em apontar desvios. Nenhum sacerdote que defende e pratica os sacrifícios animais se preocupa em sistematizar suas práticas num mínimo conjunto coerente de enunciados mágicos, diante da sociedade e da sempre crescente necessidade de aumentar seus ganhos financeiros e de manter o rebanho de fiéis e médiuns. Esse agregado de ritos desestruturado e distorcido tem por princípio basilar a eficácia para atender aos pedidos dos consulentes e se apresenta contrário a um ordenamento segundo os critérios das leis cósmicas, conforme as diretrizes crísticas deixadas como legado por Jesus.

Alguns "umbandistas" argumentam que a imolação do animal para extrair o sangue não significa matança. Defendem a ideia de que para certos trabalhos e demandas com o Astral Inferior precisam utilizar um elemento afim para os desmanchos, por isso se "obrigam", esporadicamente, a utilizar a força da vitalidade contida no sangue. Quais suas elucidações sobre tão polêmico e velado assunto no meio umbandista?

Em condições de igualdade diante dos ditames evolutivos, que selecionam os que receberão o passaporte cósmico que liberta do ciclo das encarnações sucessivas, um espiritualista não carnívoro é preferível àquele que se empanturra com os irmãos menores do orbe finamente temperados, assim como o umbandista que não tem dependência psicológica de imolar e causar sofrimento a um animal, diante de uma contraditória caridade que causa dor, além da falsa exigência de trabalho "forte". Estes se distinguem dos demais. É óbvio, no entanto, que o adepto que não imola animais e é carnívoro não deve se comportar qual o anão que sobe em caixas para enfrentar o gigante, quando critica o irmão do lado no edifício da Umbanda, sob pena de ir a nocaute sofrendo abrupta queda.

A cátedra escolar em que vocês estão estagiando oferece a todos os alunos, obrigatoriamente, as mesmas provas no final do período letivo. Sendo livres as horas necessárias de estudo e exercícios práticos, cabe a cada um, inquestionavelmente, quanto esforço dedicará para a aprovação final.

Vocês se esquecem facilmente que os animais portam um corpo espiritual e caminham para se humanizar. Mesmo que prevaleça neles o instinto, obedecem a uma Inteligência Superior que rege seus movimentos ascensionais rumo à inexorável individualização, momento sublime em que adquirem identidade emocional e encarnam num corpo hominal. Vocês que já são homens e se diferem dos animais, em razão de um esperado comportamento ético e moral, aprovariam serem cortados na veia jugular para que fosse tirado meio litro de sangue a fim de ofertar a uma divindade qualquer? Reflitam!

Embora os homens se diferenciem dos animais pela consciência, capacidade de abstração e pensamento contínuo, não conseguem estar abaixo dos leões famintos em selvageria raivosa quando despedaçam as pobres vítimas, superando-os largamente na animalidade cruel quando imolam friamente os seres menores indefesos. A quem muito foi dado mais é cobrado na contabilidade sideral. Quanto maior a consciência, tanto mais alargada a responsabilidade dos atos individuais diante dos tribunais cósmicos.

A finalidade superior das almas-grupo* é a aquisição, em longos períodos de aperfeiçoamento, dos princípios rudimentares de inteligência que propiciam a formação dos corpos astral e mental, para que possam vir a se individualizar no ciclo reencarnatório humanoide. Os animais não foram criados para serem torturados em nome do Divino, ou como regatos sanguinolentos para oferendas iniciáticas.

---

*"A alma-grupo é constituída por certa quantidade de matéria impregnada de energia divina. No grau animal de evolução, tal matéria contém uma vida definida, em que conservam todos os possíveis desenvolvimentos das atividades animais. Como a alma-grupo animal já foi, em períodos precedentes, alma-grupo mineral e vegetal, já se acha altamente especializada, existindo várias delas, como não há apenas um tipo físico para todos os animais. Assim como na evolução das formas existe a divisão em reino, sub-reino, grupo, classe, ordem, família, gêneros e espécies, também existem divisões similares na alma-grupo animal" (*Fundamentos da teosofia*, de Jinarajadasa).

Homens, uma vez que já foram animais irracionais, não façam aos irmãos menores do orbe o que não gostariam que lhes fizessem. Imaginem se os anjos que já foram homens viessem cortar vocês em nome de Deus?

Solicitamos maiores pormenores desses ritos desestruturados e distorcidos que contrariam as crenças e os valores das diretrizes crísticas deixadas por Jesus.

Há um ritual popularmente conhecido como "dar de comer à cabeça": são sacrificados pombos, galinhas e galos em homenagem ao "Orixá" do médium. O sacerdote corta a cabeça da ave, e o iniciando deve sugar com a língua três vezes o sangue quente. Depois, o líquido vital é derramado na sua fronte, nas têmporas, na cabeça, nas mãos e nos pés. As penas das aves são amarradas na sua cabeça encharcada. Num aprofundamento desse "assentamento" vibratório, raspa-se a cabeça do filho de santo, com novos sacrifícios que são realizados, coloca-se mais sangue, submetendo-se o neófito ao total isolamento durante um determinado período. Ao término do "aprendizado" que estreita o parentesco vibracional com o "Orixá", é realizado um novo banho de sangue, desta vez, com um animal de quatro patas imolado e morto (cabrito, bode ou ovelha).

Os períodos de reclusão são longos, e tudo é pago. Além dos elementos e animais sacrificados, a iniciação só pode ser realizada por um sacerdote regiamente remunerado, para "ceder" sua mão para o corte fatal que alija o animal da seiva de vida que o anima como Espírito imortal, benevolência divina do Pai Maior para a evolução de Seus filhos, que é interrompida pela ignorância de alguns líderes religiosos, os quais cegamente se recusam a rever práticas primitivas dos clãs tribais que não mais se inserem na consciência crística da Nova Era.

Afinal, por que ainda existe a prática de sacrifícios animais? Esse hábito, tão arraigado, ocorre por um apelo mágico popular e um possível resultado imediato para os pedidos dos consulentes?

As religiões da matriz judaico-cristã e o espiritismo ortodoxo são resistentes à magia, ao contrário das filosofias orientais, das crenças afro-brasileiras, da Umbanda e de certos cultos descaracterizados, de apelo mediúnico, que variam "infinitamente" de terreiro para terreiro. À medida que os negros foram se integrando à sociedade brasileira que se formou após a "alforria" da escravidão, suas crenças e práticas foram se adaptando à sociedade, eminentemente católica, advindo a concretização do sincretismo, que era velado nas senzalas, acentuando a desagregação das religiões africanas relacionadas com as diversas nações. Relembrando: os Orixás são associados aos santos católicos, simbolizando o bem. Exu, sincretizado com o diabo, é "demonizado", principalmente nas camadas populares, pobres e menos cultas que habitam as cercanias das grandes metrópoles, personificando o mal e as labaredas eternas do catolicismo. Nos cultos decorrentes das nações africanas, as práticas ritualísticas em que se fazia oferenda para Exu (o mensageiro dos planos ocultos), para permitir o rebaixamento vibratório e a manifestação dos Orixás, adquirem contornos cada vez mais maléficos na popularização urbana, sendo adaptadas aos interesses pessoais dos chefes de terreiro, pressionados pelos homens brancos em busca de resultados mágicos imediatos regiamente pagos.

Com o nascimento e a estruturação da Umbanda no Astral Superior, que atua com a intenção de fazer a caridade desinteressada, por intermédio do mediunismo baseado nos valores do Cristo Cósmico, os sacrifícios ritualísticos são dispensados e vistos cada vez mais como bárbaros pela sociedade hodierna e pelo conjunto de prosélitos umbandistas orientados por suas entidades estruturais (Caboclos, Pretos Velhos e Crianças), sendo elas próprias o canal de representatividade com os Orixás, formando as sete linhas vibratórias da Umbanda.

Além dos aspectos mediúnicos, como esses despachos com animais putrefatos deixados nas vias urbanas e nos sítios vibracionais da natureza são vistos pelos mentores do Espaço?

Enxergamos como vocês: panelas, alguidares, fitas, papéis pretos e vermelhos, garrafas, assim como o sangue dos animais sacrificados, as rabadas de porco, as vísceras finamente temperadas em farofas e as carnes sanguinolentas. A diferença é que são poupados, devido aos seus olhos físicos não conseguirem tornar visível o lado oculto dessas entregas: alimentam hordas de Espíritos dementados, com sérias deformações em seus corpos astrais, que se empurram quais animais raivosos, exalando uma gosma pestilenta e fétida que sai de seus orifícios corporais, demonstrando o mais completo barbarismo, além de dominação mental.

Após estarem saciados em sua volúpia e depois de animalizados seus apetites, são escorraçados pelos cruéis lugares-tenentes das organizações trevosas para obsediar aqueles que foram alvo desses despachos, disciplinadamente ordenados pela força mental do sacerdote encarnado, que fornece os endereços vibratórios dos que são visados por esses intentos odiosos.

Graças a Oxalá, a consciência planetária entra em outra fase de compreensão e discernimento coletivo que faz soar as trombetas da última hora para que as coisas sejam colocadas em seus devidos lugares no Planeta Azul.

O que acontece no plano oculto com o sacrifício ritualístico de animais que sustentam as iniciações e os despachos?

Os animais possuem duplo astral. Mesmo essa cópia etérea não tendo matéria mental (inexistindo, portanto, o raciocínio e o pensamento contínuo), normalmente os animais quando desencarnam retomam para a alma-grupo pertinente à sua espécie. Seus duplos etéricos serão mantidos brevemente após a morte do corpo físico, com a intenção de oferecer uma nova "matriz" que servirá como encaixe para mais um princípio espiritual indiferenciado reencarnante da alma-grupo. Isso ocorre porque os animais não são individualizados, ao contrário dos homens, que têm seus duplos etéricos desintegrados após a morte.

Quanto menos evoluída a espécie animal, mais rápidas são as reencarnações. Ao contrário, o homem rumo à estação angelical, quanto mais próximo da chegada, mais se torna espaçada sua encarnação. Esse é o motivo de a economia divina aproveitar os duplos etéricos dos animais para "imediatamente" serem moldes para outro princípio espiritual não individualizado que se desgarra da alma-grupo que o mantém e volta ao plano da materialidade morfológica.

Quando os animais são sacrificados, todo o sistema nervoso se contrai sob o corte fatídico que extrai a vitalidade física, pelo sangue que é jorrado no vasilhame até a última gota. Esse afiado atrito que ceifa a vida latejante no físico ocasiona na contextura do corpo etérico um "enrijecimento", pela alteração de sua contextura atômica e pelo aumento da coesão molecular, em decorrência da abrupta coagulação físico-astral de todos os órgãos que estavam programados para viver mais tempo. Por possuírem um *quantum* de energia vital que é cortado, o "peso" vibratório específico que possibilitaria o aproveitamento do duplo etérico do animal pela alma-grupo fica distorcido. Como os Espíritos que velam pelos animais se veem impedidos de fazer seu trabalho, em razão da baixa barreira do viscoso magnetismo aumentado pela atuação do Astral inferior, esse "molde" do animal acaba sendo capturado e servindo de cascão astral para que os inteligentes engenheiros das organizações trevosas do além-túmulo os manipulem, criando potentes artificiais, na forma de assustadores animais que se tornam robôs teleguiados para os mais vis planejamentos de vampirizações fluídicas contra os encarnados.

Esses condensadores energéticos altamente deletérios são utilizados como "sugadores" dos fluidos ambientais contra os alvos de magia negativa, tanto nas residências como nos locais de trabalho, rebaixando e tornando densas as vibrações, enfraquecendo os vivos em seu raio de ação, que é maior quanto maior for o animal sacrificado. Tal anomalia repercute gerando discórdias e todo tipo de emotividade destrutiva no comportamento dos homens. Intensifica-se o plano macabro com a imantação de Espíritos que se encontram sedentos por despojos astrais de duplos animais, engodo hipnótico que acaba formando criaturas assustadoras próprias de um circo de horrores.

Verificamos que em alguns terreiros de práticas mágicas populares, próximo ao portão de entrada, geralmente há uma casinha onde são deixadas oferendas votivas. O que acontece, no plano oculto, nessas casinholas vermelhas e pretas?

Elas permanecem fechadas aos olhares leigos. São abertas por ocasião dos rituais, para receber novas oferendas e retirar as antigas. No plano oculto, essas pequenas construções, com suas imagens, seus instrumentos metálicos, as comidas e os animais sacrificados, servem para imantar Espíritos que serão escravos da vontade do sacerdote encarnado e das entidades que o assistem, por meio de potentes campos de força de baixíssimo magnetismo.

Nesses quartinhos, quando são realizados os cortes dos irmãos menores do orbe, deixa-se o sangue tocar o solo, para uma espécie de troca, a fim de que a corrente mediúnica do terreiro seja "poupada" de maiores sacrifícios na vida mundana, auferindo felicidade e progresso material. Isso ocorre nas ocasiões festivas em que os componentes do agrupamento se alimentam dos pedaços de carnes dos animais que os "santos" não comem. Esses "protetores", Espíritos densos e altamente animalizados, precisam da essência eterizada pelo sangue, vitalizando-se com essas energias. A maioria pensa ainda ter estômago e se atira sofregamente sobre as comidas oferecidas. É estabelecido um pacto entre os vivos e os "mortos", com a finalidade precípua de favores espirituais.

Observamos que, muitas vezes, o consulente que pagou determinado trabalho é levado pelo sacerdote até a frente dessa casinhola, este toca uma sineta, fazendo com que o pedinte dos favores se deite e bata a cabeça diante das oferendas votivas. O que isso significa?

Não há sacerdote que admita trabalhar para o mal. Argumentam que, àquele que pede algo e procura ajuda no terreiro deles, quando é dado atendê-lo, a única responsabilidade do mediador é encaminhar a súplica de quem faz o pedido aos que resolverão o embate no Astral. Mesmo que o pedido em favor de um ente signifique o abandono pelo companheiro, o desemprego ou a doença de outro, a culpa é daquele que não soube se proteger, não tendo propiciado a ligação vibratória com entidades que o defendam. Quando dois ou mais seres estão engajados em polos de disputa contrários, cabe a cada um dos litigantes buscar a proteção do sobrenatural.

É óbvio que são visões simplistas que distorcem as leis de causalidade que regem a harmonia cósmica dos Espíritos em evolução. As contendas com que esses sacerdotes se deparam não se equiparam às dos antigos clãs tribais, ligados por laços de parentesco, em que os pedidos eram atendidos ou não após a análise do "Orixá" manifestado no sacerdote.

Com a universalização do culto aos "Orixás", houve distorção dos ritos ancestrais, o que ocasiona sérios compromissos nessas almas que ganham as moedas e aplicam a magia doa a quem doer.

Quanto ao som da sineta, ele pode ter várias finalidades. Nesse caso, é acorde hipnótico para hordas de Espíritos esfomeados, que escutam ribombos nos ouvidos condicionados, significando que terão comida para saciar sua fome animalesca. Atiram-se como selvagens e aceitam as mais espúrias tarefas pelo avantajado domínio mental a que estão escravizados.

Rezam as tradições antigas africanistas que é possível realizar todos os desejos humanos aos seguidores das religiões dos "Orixás", assim as ligações com os "deuses" ficam mais fortes, mesmo que a felicidade implique infortúnio de outro. Pode nos esclarecer sobre isso?

Há de se ter uma reverência respeitosa com as tradições que preconizam uma relação de confiança entre o fiel e as entidades espirituais que o assistirão, lealdade esta que não se relaciona com os homens da Terra. Contudo, observem que os códigos mágicos dos cultos ancestrais se perderam no processo de inserção social e urbana do negro em solo pátrio brasileiro. As referências tribais e dos antigos clãs, na atualidade, servem de argumento em nome da preservação das tradições, mas escondem a verdadeira intenção dos sacerdotes que é de se locupletarem no poder absoluto, mantendo seus seguidores na mais completa dominação e dependência psicológica dos sacrifícios iniciáticos e oferendas votivas que tudo resolvem. Essa distorção se intensifica com a demanda da sociedade, que acorre aos terreiros pagando pelas benesses rápidas, as quais dispensam quaisquer esforços dos cidadãos. Com esses procedimentos que "liberam" as paixões humanas acobertadas por práticas mágicas populares, sustentadas financeiramente pelas classes sociais de maior poder econômico, num intercâmbio egoísta e vicioso com o Plano Astral inferior, que infelizmente ainda prepondera neste país, estão as comunidades que contribuem para o atraso espiritual coletivo.

Cada vez mais a Umbanda se mostra como alternativa de equilíbrio diante das leis universais que regem os movimentos ascensionais, uma vez que do Plano Astral Superior defronta esses cultos distorcidos, espargindo a Divina Luz, trazendo noções de caridade, livre-arbítrio, merecimento e evangelização com os ensinamentos de Jesus.

O que acontece aos médiuns que são iniciados com sangue colocado no alto da cabeça raspada (ritual renovado anualmente), que se habituaram a realizar despachos com animais sacrificados, ao transpassarem o além-túmulo?

Terão de se revitalizar com fluido do sangue derramado sob pena de tornarem seus corpos astrais disformes, como se fosse manteiga derretendo ao sol. A monoideia plasmada no corpo mental, por anos de atos ritualísticos de veneração ao sangue animal como elemento mantenedor da vida, causa-lhes profunda impressão pela natural plasticidade do Plano Astral, retendo-os em concha vibratória que os escraviza em louca e desenfreada busca para saciar o anseio de vida, ao mesmo tempo em que os imanta na crosta, dementados, nos centros que realizam as matanças animais.

A Lei é imutável, e o tipo de vibração que estabelece o estado do Espírito, após ultrapassar o inexorável portal da sepultura, depende dos atos do encarnado no mediunismo, que estabelecem a ligadura energética do corpo astral com o metabolismo que se instala para sua manutenção no além. Como a mente escraviza ou liberta, multiplicando por mil as consequências das ações iniciadas na carne na matemática da Espiritualidade, o que era banal e exigia o ato "simplório" e rotineiro de esfaquear um animal menor do orbe, derramando seu sangue quente, do "lado de cá" é como chumbo abrasador que recai no alto da cabeça, consequência justa do que se fez em nome do Divino na Terra.

Qual o papel dos homens na relação com os animais?

Existe um plano divino regido pela equanimidade de experiências morfológicas oferecidas a todos os Espíritos que precisam evoluir rumo ao infinito Cosmo. É um privilégio vocês poderem entender que sua cooperação no processo de individualização dos animais contribuirá também para sua própria evolução. Infelizmente, somente uma pequena minoria de homens está preparada para considerar os animais como seus irmãos, e não como meros fornecedores de pele, leite, vísceras, sangue ritualístico e força mágica ou de tração. Mesmo que os animais ainda contribuam para o progresso humano, sendo mulas de carga, lembrem-se de que a razão de sua existência não é serem escravos, mas, sim, Espíritos que buscam a individualização, assim como vocês, que estão roteirizados para serem anjos.

Os animais, em contato com os homens, devem ser amainados em seus instintos selvagens e estimulados aos atributos superiores que sustentarão o pensamento contínuo. As ações que almejam só explorar os animais e satisfazer aos desejos humanos geram-lhes muito mal, retardando a natural disposição de evoluir. A ascensão dos humanos sobre os animais deve ser mais em benefício deles do que de vocês. Assim, das crianças que não sabem falar, não exijam um discurso em tribuna; e dos rebentos que estão aprendendo as vogais, não esperem a interpretação de um mapa meteorológico. Isso significa que não devem exigir dos animais, que não podem comunicar sua vontade, a aceitação das matanças e a sua exposição, de forma putrefata, nos cruzamentos urbanos, que jorrem sangue servilmente em nome do Divino ou que fortaleçam sua ligação mediúnica com Espíritos do além-túmulo.

Observações de Ramatís

Os animais têm Espíritos que pertencem a almas-grupo. Buscam a individualização, que ocorre quando entram no ciclo reencarnatório hominal. O homem, mais próximo do anjo que o animal, não concluiu ainda sua individualização, embora tenha Espírito único. Como anima, entre encarnações sucessivas, uma nova personalidade em um novo corpo físico, por enquanto não é uma consciência individualizada nos planos rarefeitos, espirituais, o que se efetivará quando se libertar do aguilhão do ciclo carnal que lhe impõe reencarnar. Quando os homens interferem nos animais, imolam-nos, matam-nos e despacham-nos para as "divindades", estão contrariando as leis cósmicas e criando para eles próprios pesados compromissos evolutivos.

Capítulo 4
Preconceitos racistas contra os Espíritos

"Assim, foi delineada a doutrina que se conhece por Umbanda, despida de preconceitos racistas por sua origem africana, no sentido de agrupar em suas atividades escravos, senhores, pretos, brancos, nativos, exilados, imigrantes descendentes, enfim, todos os povos do mundo, sediados em solo brasileiro"
(Ramatís, *A missão do espiritismo*).

Ramatís responde

O que acontecerá com as práticas mágicas populares, misturadas aos mais diversos sortilégios, tudo sendo entendido como Umbanda pelos leigos? Não temos de ser eletivos, excluindo-as?

Ocorre um conflito entre dois caminhos. Um é a integração dos cidadãos hodiernos à práxis, bem informados, o que redunda, senão na renúncia total às tradições que não se encaixam mais na sociedade, no mínimo na sua reinterpretação de acordo com valores da consciência coletiva. O outro é a exclusão dos ritos populares, o que não contribui em nada e denota comportamento sectário. Há ainda os que preferem fazer ritos ditos "puros", de preferência só com estudo e sem atender aos reclames dos consulentes.

Exatamente por não ter codificação doutrinária que a engesse, a Umbanda se mostra solução original: dedicada tecelã, movimenta os fios num liame de continuidade para as práticas mágicas populares, inserindo-as na dominância filorreligiosa negro-ameríndia, amalgamada com a prática cristã-espírita-mediúnica. A Umbanda é inclusiva, não sectária, sem proselitismo, tecelã de uma colcha viva do Pai Maior, que é toda luz e se faz com a costura de muitos retalhos, divina agulha que pacientemente alfineta as almas rumo ao amor, dando o tempo necessário a cada consciência para a unificação cósmica; daí a diversificação que cada vez mais se fará unidade. Assim, os sortilégios e os fetichismos serão amainados qual tenaz camelo que atravessa um deserto causticante.

Reflitam que a eleição do ser é de foro íntimo, por isso devem procurar agremiação que os conduza a um estado psicológico condizente com seus anseios espirituais. Quando transferem para os outros valores e crenças internos, exteriorizando-os na forma de padrões de conduta que excluem, como faziam aos banidos hereges do pretérito, contrariam o amor que nada impõe, uma vez que orienta e esclarece sem estabelecer julgamentos, dando a cada consciência a oportunidade sublime de usar a razão, fundamentando a amorosidade que unifica, não a que separa a coletividade umbandista.

Se "os Caboclos, Pretos Velhos e Crianças são o canal de representatividade com os Orixás, formando as sete linhas vibratórias da Umbanda", concluiremos que os persas, etíopes, marroquinos, indianos, árabes, egípcios, indo-chineses, povos nômades do deserto (ciganos), entre outras formas de apresentação dos Espíritos que caracterizam o agrupamento do Oriente, são entidades excluídas da Umbanda, não fazendo parte dela. É isso?

As entidades estruturais, que plasmam o triângulo fluídico mantenedor da Umbanda, do Espaço para a Terra, são os Caboclos, Pretos Velhos e Crianças. Além deles, aglutinam-se "à volta" do movimento umbandista todas as formas que servem de veículo da consciência para os Espíritos nas diversas latitudes siderais, fortalecendo a mensagem libertadora do Cristo Cósmico e as leis universais, equânimes para todos como o raio do Sol que não distingue telhado em dia invernal.

Desde seu surgimento numa sessão de mesa*, quando foi verbalizado pela primeira vez o vocábulo "Umbanda", com toda a sua sonoridade mântrica associada ao mediunismo, seus mentores do Espaço foram insurgentes contra a exclusão, na época, dos negros e silvícolas, proibidos que eram pelos dirigentes encarnados de se manifestarem, além de não autorizarem a passividade dos médiuns para Espíritos que se apresentassem como dessas raças, taxados por eles de inferiores e primitivos. Assim, suas bases são alicerces evolutivos que incluem, sem preconceitos raciais espiritistas, todas as etnias excluídas por outras religiões: negros, escravos, brancos, amarelos, nativos e imigrantes na pátria brasileira, descendentes de todos os povos do orbe terrícola.

O trabalho mediúnico com Pretos Velhos, Caboclos e Crianças, formas de apresentação das entidades estruturais da Umbanda no Espaço, pode ser caracterizado, por si só, como umbandista?

Alguns irmãos médiuns, ao serem apresentados como "aparelhos" pela Umbanda, ficam tão entusiasmados com o Caboclo ou o Preto Velho que se comportam qual um menino que vai à feira comprar um curió cantador e volta com um pardal de chilreado rouco, disfarçado, com o abdome vermelho. Assim, não adianta a mais linda gaiola para abrigá-lo se sua natureza é outra, que não a de pássaro, não tendo o cântico que encanta os ouvidos. Está claro que a simples forma de apresentação dos Espíritos não significa a essência umbandista, que é fazer a caridade em nome do Cristo. Nesses casos, nos dias atuais, mais vale a história, a procedência e a seriedade do terreiro do que o trabalho das entidades em lugares menos afeitos às diretrizes de segurança mediúnica, como o são

---

*Após a reunião mediúnica na Federação Espírita do município de Niterói, quando foi anunciada a criação da Umbanda, em sua primeira manifestação por intermédio de Zélio Fernandino de Moraes, o Caboclo das Sete Encruzilhadas, entre outras normas do culto nascente, ditou as seguintes diretrizes para a Umbanda e para a fundação da Tenda Espírita Nossa Senhora da Piedade: "Assim como Maria acolhe em seus braços o Filho, a Tenda acolherá os que recorrerem a ela nas horas de aflição [...]. Todas as entidades serão ouvidas, e nós aprenderemos com os Espíritos que souberem mais e ensinaremos àqueles que souberem menos; a nenhum viraremos as costas nem diremos não, pois esta é a vontade do Pai" (*Umbanda e sua história*, de Diamantino F. Trindade).

as garagens de residências e salas improvisadas, sem os imprescindíveis preceitos e descargas fluídicas que existem nos locais consagrados e unicamente utilizados com regularidade para o exercício da mediunidade caritativa.

É necessário o sacerdócio para poder firmar-se em uma casa de Umbanda e até mesmo conduzi-la?

Não. São necessárias a mediunidade, a humildade e a simplicidade, as quais imantam a cobertura de entidades da verdadeira Umbanda. Os sacerdotes ministram rituais e não precisam ser médiuns. Zélio Fernandino de Moraes era simples cidadão, jovem e possuía mediunidade inequívoca, que aflorou naturalmente, sem depender de títulos honoríficos, graus sacerdotais ou iniciações conduzidas na Terra. Aliás, o preparo espiritual de um medianeiro na Umbanda começa muito antes de sua atual encarnação, sendo precedido de intensa sensibilização energética em seus chacras e em seu corpo astral, que deverão vibrar muito próximo das vibrações das entidades que o assistirão. Isso é o que representa a cobertura e a outorga do plano espiritual superior, e tudo o mais feito na Terra, se não antecedido da sensibilidade psicoastral potencializada pelos técnicos do "lado de cá", será improfícuo. Obviamente que, existindo verdadeiramente a sensibilidade mediúnica, os ritos aplicados em centros de Umbanda sérios servem de roteiro seguro ao médium, que se vê apoiado por seus irmãos umbandistas e tem o reconhecimento da comunidade que o cerca, aumentando sua segurança para a sintonia com o outro lado.

E quanto às personagens que se apresentam em alguns terreiros, um tanto folclóricas, carismáticas, até rudes e violentas, mais parecendo do mal, emotivamente incentivadas pelo imaginário popular, como os boiadeiros, baianos e marinheiros, são Espíritos da Umbanda?

Há um aforismo popular, uma generalização positiva, muito repassado pelos Pretos Velhos que diz: "Todos os filhos são gente do Cristo, mesmo sem o saberem". Vocês não devem confiar em conceituações negativas, como se todos os Espíritos que se apresentam nessas antigas personalidades fossem ovelhas perdidas do rebanho do Bom Pastor. Jesus, o Senhor da luz crística, deixou o paraíso para habitar as trevas eivadas de pecadores. O amado Mestre ensinava usando parábolas simples, permitindo que todos se aproximassem d'Ele em suas preleções. É evidente que todos vocês, em determinado momento da vida pregressa de seus Espíritos, foram entidades "malfeitoras". Manifestados na Terra sob as formas mais simples, como a de um cavaleiro boiadeiro, estivador baiano ou intrépido viajante dos mares, existem anjos latentes que ainda não germinaram.

Em vez de classificarem esses Espíritos, que estão desabrochando o Cristo interno, de meros malfeitores, como se a luz em sua refulgência fosse cegá-los, as entidades estruturais da Umbanda fraternalmente aceitam e monitoram suas participações, como auxiliares nos terreiros que têm essa afinidade, em prol da caridade desinteressada, pelo natural efeito cármico de vidas passadas que os enreda numa exigência evolutiva recíproca, num agrupamento de médiuns e consulentes.

Em vez de impor virtudes, excluindo os que ainda não as possuem, vocês devem modificar o próximo pelos atos fraternos, acolhedores, imprimindo confiança e amizade. Lembrem-se da renúncia e abnegação dos Espíritos luminares, que impõem sobre si pesado rebaixamento vibratório para assistir aos retidos no ciclo carnal, plasmando corpos de ilusão nas formas astrais de Caboclos, Pretos Velhos e Crianças, seguindo o exemplo do Divino Mestre, que encarnou entre vocês em missão sacrificial.

Os guias da Umbanda acolhem amorosamente todos os encarnados e desencarnados que adentram os terreiros, difundindo a Divina Luz nas frontes aflitas, mesmo na escuridão, oferecendo oportunidade de retificação espiritual aos que a aceitam em seus fundamentos doutrinários.

Existem alguns guias, mentores espirituais, que acham absurdas essas infiltrações de Espíritos sem luz misturando-se às falanges de Umbanda, afora a possibilidade de fascinarem os médiuns. Isso existe?

Há de se distinguir a forma da essência, além das peculiaridades das agremiações mediúnicas terrenas para as quais essas orientações são válidas. Sem dúvida, existem terreiros que não se relacionam com a Umbanda, mesmo que, embora deturpado, esteja grafado em sua fachada o nome "Umbanda". São agremiações amparadas pelo mediunismo que exaltam a estética apoteótica dos ritos exteriores: entidades "incorporadas" com paramentos coloridos e longos penachos, vestidos de "Orixás", como se fossem entrar na avenida carnavalesca, tudo com muita dança, fumo, bebidas, atabaques ensurdecedores para impressionar a assistência hipnotizada pela "força" (axé), materializada nos transes vistosos e no cerimonial barulhento. Ao fundo, longe dos olhos profanos, o "sagrado" é invocado com o corte ritualístico, em triste matança sanguinária dos irmãos menores do orbe: cabritos, bodes e galináceos. Ao término dos cultos festivos, a parte menor da comida de cada "santo" serve para "fortalecer" os médiuns: vísceras finamente temperadas são saboreadas com bebidas alcoólicas para "reforçar" a sintonia com os aparelhos; o quinhão maior é despachado na madrugada nos cruzamentos urbanos e nas portas de cemitérios, o que dá muito trabalho para os guardiões espirituais dessas moradas sepulcrais, uma vez que enxameiam dementados do além-túmulo diante das entregas cadavéricas ainda recheadas de fluido vital.

Por outro lado, observem em sua vida cotidiana: médicos incentivadores do aborto diante de jovens moçoilas desavisadas; contadores sonegadores de impostos; engenheiros corruptos que aceitam propinas de empreiteiros; advogados enganadores que se apossam dos proventos das sentenças dos clientes desatentos. Esses desvios comportamentais dos cidadãos não devem, no entanto, deixarem vocês em estado de ânimo afeito às "adjetivações" generalistas excludentes, como se todos os profissionais médicos, contadores, engenheiros e advogados fossem assim, todos iguais. Da mesma forma, não transfiram para o "lado de cá" suas disposições parciais, como fazem ao imputarem defeitos à totalidade de certas formas espirituais, que são aceitas em alguns centros de Umbanda como dedicados auxiliares: "os povos nômades são de venalidade ignóbil, os baianos safados, os boiadeiros bêbados e os marinheiros mulherengos". Vocês precisam entender que, na abundância de terreiros e na miscelânea de práticas mágicas populares que se associam com o mediunismo, também existem Espíritos de "caboclos" que recomendam despachos sanguinolentos e entidades que se apresentam como "pretos velhos" que amarram namorados e separam casais, o que nada têm a ver com a essência da Umbanda. No entanto, também usam as formas estruturais dos guias que regem a Divina Luz do Espaço para a Terra.

Para clarear um pouco mais as suas ideias, importa comentar que a fascinação mediúnica não se relaciona diretamente com as formas de apresentação dos Espíritos nem com a densidade vibratória dos irmãos do além-túmulo, e sim com a falta de moral evangélica. Os médiuns devem vigiar as interpretações estandardizadas que interferem nas comunicações com o outro lado: o hipopótamo que sacode o pescoço e se banha na lama não é mais impuro em suas entranhas do que o tigre que lambe os pelos na planície. O homem pérfido fala com erudição, traja-se com refinados tecidos, banha-se em espumas odorantes e enfeita-se com ourivesarias cravadas de diamantes, sem conseguir a pureza da alma do rústico lavrador analfabeto de mãos calejadas que nas horas vagas é dedicado benzedor na comunidade desprovida de assistência.

Mais uma vez, repetimos: não transfiram seus atavismos milenares ao julgarem as aparências transitórias dos Espíritos do outro lado. Porventura, quando estão mediunizados, "incorporados" com os Caboclos e Pretos Velhos em dia de passes e consultas no terreiro da verdadeira Umbanda, se recusam a acolher os malfeitores, os assaltantes, as prostitutas, os alcoolistas, os viciados em drogas e outros desavisados trôpegos e perturbados que, sedentos, achegam-se das ruas procurando auxílio espiritual? Nunca é demais que nos lembremos de Jesus, que saiu dos templos assépticos para socorrer os impedidos de entrar: as prostitutas apedrejadas, os leprosos fétidos, os marginais e incultos, reconhecendo em cada alma a chama acesa do Cristo interno que jaz nas profundezas de cada criatura.

Existem chefes de terreiro que são contra a manifestação de Espíritos sofredores, mesmo em sessão mediúnica específica, justificando que podem "danificar" a sutil estrutura dos chacras dos médiuns que estão vibrados para "receber" os guias e protetores da Umbanda. Alegam também serem arriscadas tais "passagens", em razão da baixa moralidade desses "estropiados", pois fazem de tudo para "colar" nos aparelhos, que devem ser preservados. Devemos proceder assim?

É uma ilusão querer poupar os médiuns dessas manifestações, pois o contato com Espíritos sofredores de baixa moralidade poderá ocorrer pelo desdobramento natural do sono, por afinidade e "peso" vibratório correspondente, demonstrando que as atrações estão latentes no Espírito, prontas para aflorar tão logo as condições propícias se apresentem. Portanto, o que de fato os atrai é a falta de controle do próprio sensitivo sobre o apego inconsciente aos desejos carnais.

Se a atração é sentida, mesmo que o médium não sucumba a ela, não terá ele dominado completamente o desejo pelo prazer sensório. Ao ficar isolado, e não exposto às tentações de toda a espécie pelos dedicados diretores terrenos, deixando de passar pelas provações que o exercício da mediunidade oferece no intercâmbio com os Espíritos sofredores, não sairá triunfante nem terá garantia de que não sucumbirá e será completamente dominado pelos prazeres da vida material, pois os guias e protetores, com suas vibrações superiores, não poderão estar todo o tempo com seus pupilos, como fazem as babás zelosas com os bebês em praças e parques.

Constatem que, ao serem isolados dos sofredores que enxameiam no mundo do além, não são ajudados na verdadeira libertação, embora isso seja necessário para os viciados das sensações do corpo físico nos primeiros estágios de recuperação. A manutenção da condição vibratória de seus chacras e dos corpos sutis à "altura" dos guias e protetores se efetivará pela vivência, que fortalece o discernimento que faz refulgir sua luz interna. São a razão e o bom senso, atuando na transformação incessante dos maus hábitos e apegos irracionais, que sustentam a "purificação" de seus corpos e mentes, tornando-os livres dos desejos mais grosseiros, refinando sua mediunidade, desbastando as ilusões temporárias que os fascinam diante da perenidade do Espírito, sustentando com firmeza o intercâmbio com Espíritos sublimados do outro lado, ao contrário de proibições simplórias, como desmerecer o trabalho socorrista com a mediunidade, como se assim sua pureza como instrumento fosse mantida.

É por intermédio da renúncia diária diante das oportunidades de gozos sensórios que se efetiva a destruição progressiva das ilusões e dos apegos, causa primária da escravidão dos homens ao ciclo "prazeroso" das reencarnações, que resultará na libertação da consciência dos grilhões que a prendem aos mundos inferiores.

Vocês podem se afastar dos objetos dos sentidos, distanciando-se de um boêmio, bebedor ou uma prostituta do além-túmulo, mas isso não os dará a segurança que o Cristo tinha quando andava entre eles e os socorria, pois o Divino Mestre não tinha gosto e afinidade por esse tipo de comportamento, mas d'Ele irradiava a claridade que fazia indicar o caminho reto a todos aqueles que O procuravam, indistintamente, como o Sol que diariamente ilumina suas cabeças.

Qual o motivo de o desenvolvimento mediúnico ser tão demorado e de tantos médiuns começarem na Umbanda e não conseguirem se manter nos trabalhos?

São raros hoje em dia os casos em que a mediunidade irrompe inequívoca e os sensitivos fornecem precisas comunicações dos guias do outro lado. A inconsciência não mais se verifica, e exige-se uma mudança gradual de comportamento para que os médiuns consigam realizar as consultas, por várias horas "incorporados" com o Caboclo ou Preto Velho.

O trabalho na Umbanda impõe mudanças profundas nos pensamentos, que precisam de tempo para serem consistentes e interiorizados no modo de vida do médium em aprendizado. Ele, conscientemente, deve livrar-se das emoções e dos sentimentos do ego inferior que atingem os corpos mental e astral. Com a sutilização desses envoltórios do Espírito imortal, por meio da repercussão vibratória ocasionada pela substituição definitiva da matéria densa que o forma*, propiciada por novos pensamentos constantes e mais elevados, esses veículos da consciência acabam "refinados", e os chacras serão ajustados naturalmente às emanações fluídicas superiores dos guias e protetores.

---

*A matéria ou substância que compõe os veículos da personalidade – corpos etérico, astral e mental – provém de seus respectivos planos, que englobam diversas frequências vibratórias, das mais densas às mais sutis. De acordo com os sentimentos e pensamentos vibrados pelo Espírito – que constituem outras tantas "ações" (ação emocional e ação mental) –, o combustível ou energia requerida para alimentar essas ações se agrega no correspondente veículo. As "ações" de elevada frequência vibratória (os chamados "pensamentos e sentimentos bons") utilizam a energia sutil e de alta frequência respectiva e imediatamente agregam ao corpo em questão a matéria sutilizada; as de baixa frequência ("sentimentos e pensamentos maus") precisam utilizar matéria astral e mental de baixa categoria, que se incorpora ao veículo e lhe baixa o nível vibratório e o peso específico. A evolução interna da criatura se efetiva com a substituição gradativa da composição energética ou matéria de seus veículos, ao influxo das ações mentais e emocionais superiores.

A Umbanda, por ser um canal aberto de entrechoque vibratório com o Astral inferior, implica maiores obstáculos aos médiuns. A prática mediúnica umbandista tem de ser continuada por longo tempo, sem interrupções, e trilhada com reverência e devoção esmeradas. A lide umbandista parece fascinante a princípio, e o neófito anseia por ter logo o "seu" Caboclo ou Preto Velho. Na verdade, da multidão que ingressa constantemente nas frentes de trabalho da Divina Luz, apenas uma microscópica minoria está apta a perseverar e progredir. A grande maioria dos aspirantes logo enjoa do ritual, não se motiva mais a colocar o uniforme branco e se impacienta com a demora para ser aceita como médium "pronto". Muitos acabam desistindo por completo ou mantendo as aparências, com o objetivo de só se beneficiar dos trabalhos, almejando a melhora milagreira das condições de existência diante da difícil e "injusta" vida. Fora uns poucos, a grande maioria não apresenta maturidade espiritual para continuar na verdadeira Umbanda, e muitos acabam por buscar locais em que o mediunismo apresenta resultados mais rápidos, como são os das práticas mágicas populares, com seus cortes ritualísticos sanguinolentos e despachos com animais sacrificados. O mundo e os objetivos pessoais que movem esses cidadãos bloqueiam a vontade de servir ao próximo, que é o sacrifício altruístico que a Umbanda impõe a todos.

Capítulo 5
Magia e dialética científica

Ramatís responde

A Umbanda é, fundamentalmente, voltada para a magia. Uma vez que a cultura umbandista é muito influenciada pela codificação espírita, como conciliar tal fato com a enfática afirmação de Kardec: "A distância que separa o espiritismo da magia é maior do que aquela que existe entre a astronomia e a astrologia, a química e a alquimia"?

É preciso relembrar o racionalismo científico francês que ditava comportamentos à época da codificação do caldo cultural miscigenado e distingui-lo do surgimento da Umbanda em solo verde e amarelo. Para o insigne codificador, o espiritismo nunca foi tão somente uma religião, sendo seu progresso considerado imperioso de acordo com a ciência, conceito que não rege as doutrinas religiosas. As posturas espíritas contemplativas e submissas a uma prática religiosa, preponderantes na atualidade, mostram-se paradoxalmente estagnadas (ao contrário do pensamento de Allan Kardec), o que é uma enorme contradição.

Segundo Kardec, que trabalhou com método científico partindo do efeito à causa, a fim de procurar explicações úteis entre a ciência e o processo de codificação espírita, existe complementaridade. Ele afirmava que, sem a ciência, o espiritismo não existiria. Assim, o método científico adotado confere autenticidade ao seu hercúleo trabalho como codificador, tendo sido fundamental para a aceitação da coletividade francesa de pensamento racionalista que imperava. Ele tinha de distanciar o espiritismo nascente de toda a aparência não científica, pois a magia, para o pensamento europeu da época, tinha conotação pejorativa de bruxaria.

Para Kardec, foi assaz difícil introduzir no Ocidente postulados iniciáticos comuns, como a reencarnação, a Lei do Carma, a comunicação dos Espíritos e os fenômenos mediúnicos, que seriam uma espécie de "currículo básico" do conhecimento oculto de outrora. Na época, seria prematura, e não estava prevista nos planos da Espiritualidade, a introdução intempestiva de matérias avançadas e fora de época do currículo avançado, como é a magia. Contudo, é evidente que Kardec, antigo iniciado dos templos orientais da Atlântida, Índia, Egito, Caldeia e dos cultos celtas, inevitavelmente era, no recesso de sua consciência, e é no âmago de seu Espírito milenar atemporal, emérito conhecedor da alta magia branca.

A Umbanda, ao contrário do espiritismo, não antecede suas práticas de métodos científicos: posteriormente aos seus atos ritualísticos, a ciência pode fundamentar seu universo místico, mágico e religioso. A ciência se torna argumento de legitimação da prática umbandista, que lida com energias, elétrons, prótons, radiação, aparelhos, fluidos, magnetismo, vibração, cromoterapia, condensadores e outros elementos materiais e abstratos explicados pela física, química, matemática, além de outros conhecimentos científicos, estabelecendo uma dialética "cientifizadora" que tende a autenticar o magismo da Umbanda diante dos estudiosos cidadãos hodiernos.

Como explicar as defumações, o fumo usado em baforadas pelas entidades, a queima de pólvora e as ponteiras de aço cravadas no solo, sob a ótica "cientificista" dos atos mágicos da Umbanda?

Observem que nas sessões de caridade, a assistência, isto é, os consulentes apresentam pesada atmosfera psicoastral, carregada de fluidos deletérios. O prana vital mantém sua vitalidade astromagnética comprimida nas ervas e folhas do fumo. Quando espargido nas golfadas esfumaçadas dos Caboclos e cachimbadas dos pais velhos, o fumo se desacondiciona, liberando princípios ativos farmacocinéticos altamente benfeitores ao ambiente, desagregando as partículas densas em suspensão no éter. Essa teorização é amplamente comprovada nos laboratórios terrenos: a utilização da queima de ervas específicas mantém um sistema constituído por um meio gasoso, em que estão dispersos elementos contidos no sólido que o originou, caracterizando um método físico-químico com duas fases: a dispersa (fumaça), que está extremamente subdividida e é antecedida pela outra, e a fase dispersora (queima). Popularmente, as entidades da Umbanda referem-se a isso como "destruir os fluidos ruins com um bom e favorável".

Apesar dos seguidos ataques com a conotação de "atraso espiritual", os rituais mágicos e milenares praticados na Umbanda são cada vez mais comprovados pelos doutores da ciência.

Insere-se nesse contexto o uso da pólvora (fundanga). Quando são queimados seus "grânulos", eles explodem causando intenso deslocamento molecular do ar e do éter, desintegrando miasmas, placas, morbos psíquicos, ovoides astrais, aparelhos parasitas e outros recursos maléficos, instrumentos da magia negativa, e que os guias do Espaço não conseguiriam desfazer somente com a força mental e o fluido ectoplásmico dos aparelhos mediunizados.

Além disso, os tratados de magia elucidam sobre as pontas de aço, caracterizando-as como meio eficaz de dissolver cargas ou aglomerações de larvas e miasmas astrais. Os antigos iniciados utilizavam espadas e punhais. Na Umbanda, as ponteiras de aço nada mais fazem que servir de potentes para-raios para as descargas eletromagnéticas liberadas em alguns atendimentos que envolvem sérias demandas contra o Astral Inferior e são importantes instrumentos para a preservação da segurança dos médiuns. Possibilitam ainda desfazer pesados campos magnéticos de força plasmados no Astral, na forma de amuletos, escudos e mandalas, e aqueles construídos pela vitalidade do sangue nos despachos das encruzilhadas urbanas.

É possível ao cientista conceber uma relação com a ciência quando vê um Caboclo manifestado num médium descalço no terreiro?

Sem dúvida, os pés descalços têm fundamentação. Vocês sabem que são fonte condutora de "correntes elétricas". Ao estarem descalços, esse movimento elétrico de energia enfermiça pode escoar facilmente para o solo pelas solas dos pés. Não por acaso, a física postula que a terra funciona com potencial zero: é o lugar para onde as correntes elétricas se dirigem. Também está claro que as solas emborrachadas de seus sapatos bloqueiam as correntes elétricas que perpassam pelos corpos físico, etérico e astral, impedindo o escoamento pelos chacras dos pés. "Não andem descalços no campo aberto em dia de tempestade", admoestam as vovós zelosas aos netos queridos.

Qual o fundamento científico das bebidas alcoólicas utilizadas nos terreiros para dispersão e limpeza psicoastral?

A utilização de bebidas com alto teor alcoólico é explicada pelas leis de atração e repulsão, de Newton. O álcool volatiliza-se rapidamente, servindo como condensador energético para desintegrar descargas e miasmas pesados que ficam impregnados nas auras dos consulentes. Toda forma de pensamento elementar é de vibração densa, e a dispersão do álcool no éter apresenta capacidade de atração, repulsão e dispersão, por ser um elemento que o interpenetra vibratoriamente, além de ser o meio volátil que faz a assepsia do ambiente. Não há necessidade de ingestão de qualquer líquido durante os trabalhos da Umbanda, à exceção da água, pois existe uma natural perda ocasionada pela potencializada evaporação fluídica do ectoplasma cedido pelos médiuns, podendo ocasionar sede e até desidratação, em certos locais de temperatura elevada.

Alguns templos cantam o mantra OM na abertura dos trabalhos, alegando que tal procedimento sonoro serve para a fixação vibratória das energias dos guias e protetores. Quais os fundamentos dos mantras e cânticos, tão comuns nos templos umbandistas?

Com a sonorização mântrica, produzem-se alterações na matéria etéreo-astral e na consciência dos médiuns. Os cientistas terrenos já verificaram a existência de um som universal que paira sobre todo o Espaço. Esse som, que precariamente é representado na forma escrita como OM, é a manifestação primordial do "Verbo" divino e ocorre por meio de uma vibração peculiar que seus órgãos auditivos e fonadores não conseguem reproduzir em toda a potencialidade oculta que é subjacente aos fenômenos do Universo manifestado na forma concreta.

Vocês precisam compreender que toda a vibração é uma expressão energética e que toda a matéria é energia condensada. Existe uma relação de interconversibilidade entre ambas, demonstrada pela tão bem conhecida equação de Einstein, entre massa e energia, que comprova que elas são a mesma coisa em escalas vibratórias diferentes, assim como todo som tem cor, e a escala cromática apresenta sonoridades específicas.

Não somente a matéria é uma expressão de energia, que por sua vez é vibração, mas as percepções dos fenômenos do psiquismo dependem de diferentes vibrações (energias) que estimulem os sentidos humanos. Com certeza, a mediunidade e sua fenomenologia mental dependem de um meio mais sutil ao físico para se instalar. Dessa maneira, o mantra OM movimenta vibrações que seus ouvidos e sentidos ordinários não alcançam. Contudo, como estão em um mundo manifestado, impregnado de vibrações de vários graus que expressam energias que não conseguem ainda dimensionar com seus aparelhos científicos, aos incrédulos a utilização de mantras e cânticos parece um excesso ritualístico.

Sempre que há uma manifestação mental existe uma vibração energética associada, não apenas vibrações afins, mas consciências em diferentes planos de existência que se atraem e se aproximam durante os cânticos. Os diversos pontos cantados na Umbanda estabelecem as condições propícias para que os pensamentos dos Espíritos se enfeixem nas ondas mentais dos médiuns. De tal modo, cada cântico "fixa" o Orixá afim, permitindo o rebaixamento vibracional dos guias e protetores.

Solicitamos pormenores do enfeixamento das vibrações dos Espíritos nas ondas mentais dos médiuns. Aliás, como isso é fixado por Orixá?

Cada vibração peculiar a um Orixá tem particularidades de cor, som, comprimento e oscilação de ondas que permitem sua percepção pelos sensitivos da Umbanda. Uma vibração sonora específica, por exemplo, que é propiciada pelo ponto cantado em conjunto, sustenta a egrégora para que os Espíritos da linha correspondente ao Orixá se aproximem, criando e movimentando no éter e no Astral formas e condensações energéticas símiles aos sítios vibracionais da natureza que "assentam" as energias, como se nelas estivessem presentes.

Embora a ciência não tenha conseguido comprovar os mecanismos ocultos das sensações que extrapolam os cinco sentidos, as vibrações sonoras e suas especificidades de notas produzem percepções extrassensoriais que repercutem na consciência e nas ondas mentais do médium. Em outras palavras: determinados estados alterados de consciência que ocorrem durante a manifestação mediúnica na Umbanda são mantidos pelos pontos cantados. Assim, o fundamento básico é que, produzindo um tipo específico de vibração sonora, é possível atrair uma correspondência vibratória do além que facilita o exercício da mediunidade, produzindo e sustentando a aproximação dos Espíritos-guias, os quais, por sua vez, alteram a consciência dos médiuns.

Quanto ao som de tambores e atabaques associado aos pontos cantados, adotado em algumas casas com o nome de curimba e combatido com veemência em outras, quem está com a razão?

Em tudo há de se ter fundamento. Existem terreiros que tocam atabaques ensurdecedores e acabam sem elevar nenhum princípio mágico do som, como forma simplesmente de alimentar um animismo descontrolado. Há outros que atacam raivosamente a utilização da curimba (grupo responsável pelos toques dos instrumentos de percussão), mas não apresentam esclarecimento para justificar essas atitudes.

Um procedimento não deve necessariamente excluir o outro. A função dos pontos cantados é demarcar as diversas etapas ritualísticas: defumação, abertura da sessão, saudação do congá, chamada das linhas, entre outras. E isso pode perfeitamente ser adotado sem apoio da curimba. Por outro lado, existem acordes específicos, muito utilizados nas batidas de tambores nas culturas afro-indígenas e xamânicas, que podem ser utilizados como apoio à concentração dos médiuns e para alguns trabalhos no Astral, muito diferentes das batidas ensurdecedoras, parecidas com batucada de carnaval retumbante, atingindo até as altas horas da madrugada, que só enfraquecem a contextura psíquica dos médiuns.

A verdade é que existem Espíritos no Astral especialistas em sons que agem como sinalizadores para as enormes falanges que não se manifestam por intermédio de médiuns nas sessões de caridade. Nas situações socorristas e de embates vibratórios no Astral inferior, elas são orientadas, recebendo as tarefas mais rudimentares, por meio de sons similares aos seus instrumentos de percussão. É uma forma inteligente de organizar a movimentação de centenas ou até de milhares de entidades das várias linhas que trabalham juntas e ao mesmo tempo. Do contrário, seria instalada a desordem, uma vez que o momento de os Espíritos de Oxóssi atuarem não é o mesmo que os de Ogum, que, por sua vez, diferem dos das irmãs de Iemanjá, e assim sucessivamente.

Dessa forma, cada agrupamento espiritual por linha vibratória (Orixá) tem tarefas magísticas específicas que necessitam de disciplina e ordem, mas nem todos os Espíritos estão preparados para receber comandos meramente pela mente, pelos pensamentos. Precisam de apoio sonoro, luminoso e de formas geométricas que fundamentem as ordens de trabalho outorgadas pelo movimento umbandista. É o que podem chamar de Lei da Pemba: cada traçado de um ponto riscado em sua repercussão etéreo-astral produz um campo de força magnético com som, luz e um grafismo peculiar, que, por sua vez, são comunicados para grande número de Espíritos por acordes sonoros.

Observações do médium

Sei que este meu relato vai causar alguma celeuma no meio espiritualista, mas não posso deixar de ser sincero e fiel às minhas percepções mediúnicas. Por várias vezes, escutei batidas xamânicas, atabaques e sinetas pelo fenômeno da clariaudiência, seja por meio dos trabalhos práticos no terreiro, seja durante o sono físico. Em certo terreiro a que estive vinculado como médium, não se adotava curimba, contudo, vi no Astral por várias vezes dois enormes negros, carecas, musculosos, vistosos e sorridentes, ao lado do congá, batendo em tambores colocados diante deles.

A minha consciência não me deixa esquecer meu primeiro encontro, nesta encarnação, com o amigo espiritual Ramatís*, em que ele se apresentou durante um trabalho de desobsessão para um familiar, envergando o traje de um sacerdote da vibratória de Ogum, aparecendo-nos no interior de um templo etéreo *Aumbandhã*, aos moldes da velha Atlântida. Nessa experiência, escutei cânticos acompanhados de sons de atabaques. Inocentemente, fui relatar essa vivência ao doutrinador do centro espírita que frequentava na época, e ele quase desmaiou. Tremendo, suado e com os olhos arregalados, encaminhou-me para a coordenação da escola de médiuns.

Particularmente, sou favorável à curimba com fundamento, por isso ela é parte essencial do terreiro que sou dirigente. Reconheço a importância de estarmos atentos aos limites entre a harmonia e o excesso ruidoso. Na maioria das vezes, antes do início da sessão, enquanto os consulentes e médiuns estão chegando, deixo tocando músicas calmantes, que facilitam a concentração e favorecem o equilíbrio vibracional de todos.

Quais suas considerações finais sobre o tema "magia e ciência" na Umbanda?

Muitos homens considerados espiritualistas estudiosos na Terra, constatando que os usos e costumes ritualísticos da Umbanda são antigos e se perdem nos cultos místicos milenares, ao longo da régua temporal desse plano material, atacam a Divina Luz espargida desse movimento, taxando-a de algo ignóbil, desprezível e primitivo. Há outros, conservadores, no meio umbandista, qual urso hibernado que só se movimenta na estação favorável, que estão paralisados, por isso repetem comportamentos atávicos, ignorando os conhecimentos científicos e, com isso, impedindo as "novidades" em detrimento da tradição de costumes.

Na associação da ciência com a magia da Umbanda, cabe a todos conciliar o novo com o antigo, pois o primeiro não destrói o segundo,

---

*Descrito detalhadamente na obra *Chama crística*, de Ramatís, psicografada por Norberto Peixoto.

mas, pelo contrário, o fortalece. O que restará fora disso é a mais nefasta e confusa superstição, é o realizar sem instrução, que prepondera, infelizmente, nas práticas mágicas populares e em seus ritos distorcidos. Resta ao ferramenteiro do tempo, com sua forja em fogo, lentamente, trabalhar ao longo das encarnações sucessivas para que amainem a ignorância e os desvios psicológicos dos entes da Terra apegados aos fetichismos, aos bárbaros sacrifícios animais e ao dispensável carnivorismo, amenizando o pesado carma coletivo da comunidade atraída pelo sagrado movimento de Umbanda.

Não se deixem sucumbir, ressecados na areia desértica da falta de novos saberes, nem se afoguem no infinito oceano dos conhecimentos científicos. Importa reconhecer que a ciência não justifica somente os atos mágicos, ela vai além das fronteiras doutrinárias da Terra, autorizando modificações em todas as fronteiras. O entendimento da Umbanda, à luz dos tratados científicos, e a elucidação de sua origem cósmica abrirão amplo campo para a sua atuação em favor da caridade em nome do Cristo, potente instrumento higienizador do orbe no terceiro milênio.

Parte 2
Uma perspectiva
esotérica
da Umbanda

Capítulo 6
Origem cósmica e universal da Umbanda

Ramatís responde

Muito se discute sobre a origem racial da Umbanda. Uns dizem ser ela genuinamente africanista, outros alegam que nasceu da mais pura raça vermelha. Há ainda os defensores de que seria naturalmente brasileira, oriunda do tronco indígena tupi. É possível a preponderância de uma raça primitiva, e talvez atrasada, na formação da Umbanda? Isso não contraria seu legado cósmico de libertação do homem na era de Aquário?

Nem toda raça primitiva é atrasada. Isso é comprovado, por exemplo, pelo estudo linguístico. As civilizações dos tupinambás e tupis-guaranis, derivadas de um mesmo tronco racial, apresentavam grande evolução: falavam a língua nheengatu, um idioma polissilábico, de sonância e estilo metafórico inconfundíveis, alcançados em milênios. Como seus fundadores eram Espíritos de outras paragens cósmicas, de Vênus e da constelação de Sirius, tratava-se de uma comunidade missionária instalada no

Espaço, de antiquíssima maturação, assim como em seu litoral a fruta germinada no inverno aguarda para só despertar na incidência dos raios solares do verão.

As raças que preponderaram e decaíram na Terra, assim como outras que virão, refletem tão somente "migrações" dos Espíritos entre os diversos tabernáculos oferecidos pelas formas físicas disponíveis e com capacidade de abrigar os corpos astrais vibratoriamente correspondentes. Isso se deve às várias procedências cósmicas de irmandades espirituais que assistem o orbe em sua evolução.

Os Espíritos vão, paulatinamente, deixando de reencarnar em uma raça, como aconteceu com a pré-adâmica, adâmica, lemuriana, atlante e ariana*, para animar novas correntes reencarnatórias existentes no orbe. Na verdade, os nomes e as cores raciais não importam, pois são meras ilusões temporais. O que impõe essas alterações é o carma coletivo e o nível evolutivo alcançado em determinado padrão étnico, que abriga as comunidades do Espaço no vaso da matéria densa. Ocorre naturalmente um enfraquecimento dos caracteres morfológicos que caracterizam uma raça pela diminuição da quantidade de Espíritos direcionados a ela, quando deixa de ser utilizada pelos ditames superiores dos engenheiros cármicos. Contudo, esses enfeixamentos conservam remanescentes raciais até se extinguirem, como os dos silvícolas na atualidade.

Está previsto um amálgama no futuro, em que não haverá preponderâncias raciais na Terra, e sim a mistura de todas as raças. Por enquanto, a humanidade evolui compartimentada em raças, obedecendo às leis e aos ciclos cósmicos que determinam as reencarnações em massa, assim como as populações estão estandardizadas nas religiões, nos cultos e nas doutrinas.

Diante do exposto, vocês podem concluir que é impossível a Umbanda ter a influência de uma raça sobre as demais, uma vez que os Espíritos organizados nesse movimento já experimentaram muitas encarnações em várias etnias, tendo adquirido experiências que contribuíram

---

*Essas cinco são as grandes raças-raízes até agora produzidas no planeta, cada qual com suas sub-raças. A quinta raça, ária ou ariana, cuja formação começou mais de 70.000 anos antes de Cristo, terá ainda duas sub-raças no continente americano.

evolutivamente para eles. Todavia, prepondera a raça vermelha na mecânica de incorporação nas formas de Caboclos, o que se deve à abrangência vibratória dos Orixás Ogum, Oxóssi e Xangô, que impõem a existência de numerosas falanges espirituais, atuando em situações de resgates socorristas e higienização das baixas zonas umbralinas. São Espíritos comprometidos com a evolução e o equilíbrio planetário desde eras remotas, muitos provenientes de outras constelações siderais.

Dessa forma, não existe uma raça que "impere" na formação da Umbanda. Se assim fosse, seu surgimento estaria fundamentado em algo ilusório, perecível, transitório. O triângulo fluídico que ampara a Umbanda na Terra é perene e atemporal, abrigando em seus lados, momentaneamente, cada uma das três formas espirituais que a estruturam no Espaço: Pretos Velhos, Caboclos e Crianças (negros, vermelhos e brancos), mas totalmente despida de preconceitos racistas por sua origem universal, no sentido de agrupar em suas atividades escravos, senhores, índios, pretos, brancos, baianos, boiadeiros, nativos, exilados, marinheiros, orientais, nômades, viajantes e imigrantes descendentes de todos os povos do mundo, sediados momentaneamente em solo brasileiro e retidos nas formas transitórias que abrigam os Espíritos no Plano Astral.

Há os que exaltam os mentores astralizados da raça vermelha como sustentadores da Umbanda. Outros dizem que a Umbanda nasceu na África. Qual o motivo de tantas divisões entre as lideranças umbandistas?

Não existe uma verdade única. A convergência umbandista ainda não consegue interiorizar nos seres a unidade do amor, o qual não separa, e sim une mesmo nas diferenças. O que são as raças e as cores da pele senão meras ilusões que nublam o Espírito em seu discernimento, conduzindo-o a posturas sectárias? Há algo que igualará a todos vocês, independentemente de cor da pele, credo, classe social, sexo, religião: a morte. O corpo físico irá se horizontalizar quando o Espírito deixar de animá-lo. De vertical, ereto, altivo, possante, tombará desfalecido em putrefação cadavérica diante de uma das leis universais que independem de sua precária percepção. Ou podem negar esse fato?

Dessa forma, os Espíritos que por afinidade e compromisso evolutivo com os encarnados se apresentam retidos numa forma temporária no Plano Astral também um dia terão a "segunda" morte, penetrando o plano mental em seus estratos superiores, a fim de obter uma nova percepção das verdades cósmicas.

Esses exemplos servem para demonstrar que certos códigos universais não dependem das doutrinas ditadas na Terra ou da vontade dos homens. Diante do Cosmo, das infinitas manifestações do princípio espiritual nas formas materiais, que o obrigam a sobreviver em reencarnações sucessivas, pergunta-se: o que é ser africanista, cabalista, hermético, judaico-cristão, evangélico, espírita, católico, candomblecista ou umbandista? É somente um respiro do Espírito imortal; um estado de afeição, simpatia, predisposição da personalidade transitória, encarnada ou desencarnada, seja vermelho, amarelo, branco, preto, hindu, zoroastrista, europeu, doutor da Lei, Preto Velho, Caboclo, Exu, baiano, boiadeiro, cigano, seja outro ainda.

Quando vocês tiverem a plena compreensão de que não existem verdades definitivas, um único caminho será instalado em seu psiquismo: a fraternidade que nada impõe e oferece a mão ao próximo sem nada pedir em troca. Talvez daí principiem a compreender toda a profundidade da Umbanda como movimento universalista, de amor e caridade. Pensem com o sentimento, amainando um pouco o intelecto, que cria modelos e códigos elitistas que excluem a abrangência da Divina Luz.

Existem umbandistas que afirmam ser a Umbanda oriunda de outras esferas cósmicas, tendo sido trazida de civilizações estelares por Espíritos que vieram para a Terra, desde épocas em que ainda não havia encarnação humana no planeta. Essas afirmações são verossímeis?

Como a Umbanda ainda não é conhecida em toda a sua amplitude mágica, de movimentação das linhas de forças que são emanadas diretamente dos Orixás, formando o Universo manifestado (mental-astral-etérico-físico), existe certo ceticismo em alguns prosélitos quanto à sua origem cósmica. A Lei Maior Divina, a *Aumbandhã*, rege o ritmo setenário de todo o Universo e foi exteriorizada pela primeira vez no Plano Astral terrícola por Espíritos que vieram de Vênus e de Sirius, implantando o conhecimento uno entre filosofia, ciência e religião, contribuindo assim para o planejamento reencarnatório de entidades exiladas em seu planeta, transmigradas de outros orbes.

Não confundam esses princípios iniciáticos que regem a morfogênese divina com sua reduzida expressão no mediunismo de terreiro.* Não conseguirão enxergar o formato da árvore tão somente por terem suas folhas em mãos, mesmo sendo verdadeiro o fato de elas se sustentarem em muitos galhos frondosos de um único e firme tronco.

Por que esse conhecimento uno, esotérico e iniciático da Umbanda, ou *Aumbandhã*, perdeu-se ao longo da história?

Há de se compreender que tudo se relaciona com leis de causalidade que dispõem os seres ao equilíbrio. Mesmo no momento atual, o planeta Terra sofre abalos da natureza, consequência da destruição poluidora do "progresso" humano. Esse conhecimento uno foi necessário para "moldar" os corpos sutis necessários aos Espíritos programados para reencarnarem na Terra. Os arquitetos da forma que aportaram no Plano Astral do orbe vieram com a missão precípua de preparar o planeta para a reencarnação em massa de exilados de outros orbes, que precisavam de veículos afins que acomodassem suas consciências extraterrestres.

As primeiras levas de reencarnados se beneficiaram com a pujança da magia *Aumbandhã*, no apogeu da civilização atlante. Muitos iniciados *Aumbandhã*, venusianos e oriundos de Sirius, também encarnaram e fundaram a Escola Suprema dos Mistérios. Lançaram aos discípulos o saber do não manifesto, do oculto, época em que eram comuns fenômenos hoje considerados milagres por vocês.

Dada a continuidade de outras levas de reencarnantes, isto é, Espíritos imorais que vinham excluídos da convivência de seus planetas de origem, as comunidades do umbral inferior se fortaleceram e, num levante contra os magos da Luz, atlantes começaram a utilizar cada vez mais o magismo negativo, em favor próprio e dos gozos sensórios. Os corpos astrais que estavam formados começaram a ter rupturas nas telas

---

*A Umbanda como "espiritualismo de terreiro" e a etimologia da palavra *Aumbandhã*, mantra original em sânscrito, são tratadas por Ramatís na obra *A missão do espiritismo*, psicografada por Hercílio Maes.

etéricas pelo uso indiscriminado da magia, distorcendo as leis de harmonia cósmica. A homogeneidade do conhecimento esotérico *Aumbandhã* se encontrou ameaçada, e o "peso" vibratório dos extratos inferiores do umbral repercutiu no planeta na forma de cataclismos. Nessa ocasião, muitos irmãos missionários de outras paragens cósmicas abandonaram a Terra retomando às pátrias de origem. Contudo, Jesus, que se encontrava entre vocês desde então, recomendava a continuidade do que tinha sido iniciado, dando o tempo necessário para a evolução de todos os envolvidos. Assim, aconteceram os cataclismos e o afundamento de todo o continente da velha Atlântida.*

O mais límpido conjunto de preceitos de morfogênese cósmica que adentrou a aura planetária, mais uma vez por misericórdia do Alto, continuou entre vocês, mas se fragmentou pela migração de levas da população atlante, antes de sua submersão, para as terras da América, da Europa e do Oriente. Assim se fundamentaram todas as religiões em seus princípios básicos e semelhantes, como tão bem demonstra a comparação inter-religiosa exarada pela teosofia e pela saudável diversidade da Umbanda, que absorve todos os conhecimentos iniciáticos existentes no Cosmo.

---

*Para maiores informações sobre a história atlante, consultar as seguintes obras: *Chama crística*, de Ramatís, psicografada por Norberto Peixoto; *A terra das araras vermelhas: uma história na Atlântida*, de Roger Feraudy; e *Entre dois mundos – a história da Atlântida e da Lemúria perdida*, de W. Scott Elliot e Frederick S. Oliver.

Capítulo 7
Mediunismo e surgimento da tela búdica

Ramatís responde

Conforme suas afirmações, "os corpos astrais que estavam formados começaram a ter rupturas nas telas etéricas pelo uso indiscriminado da magia negativa, distorcendo as leis de harmonia cósmica". Pedimos maiores considerações sobre o que é uma tela etérica.

A tela etérica é muito conhecida pelos ocultistas. No meio esotérico orientalista, denomina-se tela búdica, o que gera algumas confusões no Ocidente, uma vez que não tem nada a ver com o corpo búdico. A tela etérica é uma camada protetora de partículas subatômicas entre o duplo etérico e o corpo astral, resguardando a livre comunicação entre os planos físico e astral.

É importante lembrarmos a composição do organismo etéreo-físico e suas camadas por densidade. O corpo físico e o duplo etérico são formados por sete camadas diferentes, todas de matéria densa do plano físico. Esses extratos energéticos são os seguintes: sólido, líquido, gasoso, no físico denso; e éter químico, éter refletor, éter luminoso e éter vital, no etérico. Quando há o desencarne, a parte sólida demora mais para se desintegrar do que as demais camadas, que se desconectam do invólucro carnal e podem ficar vagueando como cascões na crosta. Quanto mais animalizado o Espírito que animou o vaso carnal, tão mais assediado serão seus restos cadavéricos pelos vampiros vivos do além-túmulo.

Há de se esclarecer que a tela etérica existe entre o final do nível gasoso do físico denso e o início do éter refletor, do etérico, a quarta camada energética. É um entrelaçamento de tênues fios energéticos, como se fosse uma cerca eletromagnética que filtra percepções do Plano Astral para os sentidos ordinários do médium. Existem ainda os casos de ruptura traumática, como de ira extrema, intoxicação por drogas e alcoolismo.

Quando o mago utiliza magia em proveito próprio, distorcendo o livre-arbítrio e o merecimento da coletividade que o cerca, polariza grosseiramente em seu organismo etérico, enquanto condensador energético e polo de imantação, as vibrações das linhas de forças astrais negativas, o que gera espaçamentos, rompendo essa tela protetora, ocasionando pesado carma para si, que terá de ser resgatado no futuro. Isso ocorre com frequência com sacerdotes que tiveram iniciação com sangue colocado no coronário e espalhado pelo corpo, ocasiões em que há detonação etérea da tela etérica, como explosões em um campo minado. É óbvio que se abre o mundo invisível, acorrendo plêiade de Espíritos das organizações trevosas, sequiosos da manutenção de mais um canal vivo entre os homens, perpetuando os sacrifícios ritualísticos que fornecem as energias que os mantêm nas esferas umbralinas.

Observações do médium

Recentemente, foi atendido em nosso grupo de apometria um consulente que tentou o suicídio várias vezes, cortando-se e tomando soníferos. Como ele estava internado, mais uma vez, num hospital psiquiátrico de Porto Alegre, compareceu em seu lugar um familiar, a fim de fazer uma ponte vibratória. Tratava-se de um jovem de vinte e poucos anos, diagnosticado como psicótico e apresentando quadro de Desordem de Personalidade Borderline* – um tipo de desequilíbrio mental

---

*Borderline: *border* = fronteira, e *line* = linha – "fronteiriço" seria a tradução. É um distúrbio que está no limite entre a neurose e a psicose.

caracterizado por instabilidades no humor e inexistência de relações interpessoais, além de autoimagem negativa e comportamentos destrutivos, suicidas e/ou violentos.

Após o desdobramento induzido pelas contagens e pulsos magnéticos, constatou-se que o consulente estava no limite mental entre os planos astral e físico, confundindo os cenários, tudo misturado numa síndrome de ressonância com o passado, auto-obsessão, desistência encarnatória e obsessão indireta: ele havia sido ferido com faca em batalha de campo, nos idos da Idade Média, e se via novamente no meio da luta. Ficara enfermo numa tenda úmida, sem comida e remédios. Davam-lhe, para atenuar a dor e a fome, um líquido esverdeado (láudano) para beber. Esse líquido é um opiáceo derivado de um macerado decantado de papoula, que originou a morfina em sua forma sintetizada em laboratório. Como a infecção dos ferimentos e a dor aumentavam, também as beberagens de láudano ficavam maiores. O Espírito desencarnou com o corpo astral "encharcado" de láudano, havendo sérias rupturas na tela etérica, o que ocasionou o *borderline* atual e os quadros psicóticos em que o passado se confunde com o cenário astral, agregando Espíritos perdidos no tempo, dependentes de drogas opiáceas, que atuam como obsessores indiretos.

Assim, foram afastados os sofredores, despolarizada a síndrome de ressonância com a fatalidade do passado, além de a tela etérica ter sido "costurada" pelos médicos Mustafa e Mohamed, ligados aos antigos povos nômades do deserto. Quanto à "costura" da tela etérica, seria um procedimento incomum, uma vez que alguns compêndios teosóficos não aprofundam o tema e generalizam, afirmando que só numa próxima encarnação isso pode ocorrer.

Consideremos que o consulente não era viciado em drogas, desencarnou ferido ao exercitar o dever de soldado, ocasião em que houve excesso de láudano, decorrente de um procedimento médico padrão da época nos campos de batalha. Os doentes não exercitavam o livre-arbítrio, simplesmente eram "encharcados" de entorpecentes. Mesmo que não haja injustiça em tudo que nos ocorre, provavelmente existe margem para pequenos acasos num planeta de provas como é o nosso. O fato de o atendido não ter utilizado magia negativa em proveito próprio, o que com o tempo rompe a tela etérica em razão do excessivo contato com os Espíritos da natureza e formas-pensamento artificiais, exigindo décadas de mediunismo caritativo e outras encarnações para a reconstituição da tela, favoreceu a intercessão dos amigos espirituais. Concluímos que houve merecimento para uma "costura" da tela. No entanto, qual a abrangência, isso não sabemos. Só cabe ao plano espiritual, e segundo a continuidade de conduta do assistido, estabelecer a abrangência dessas interferências.

A tela etérica sempre existiu? Como ocorreu seu surgimento e qual a relação com o mediunismo?
Houve uma época em que as percepções do Plano Astral eram abertas. Não havia necessidade de nenhum limitador nem de barreira de proteção. Confundiam-se os planos vibratórios, e o intercâmbio era livre, fruto da capacidade psíquica e anímica dos primeiros habitantes do orbe que vieram de outros planetas para conduzir a evolução da Terra e de seus futuros habitantes. Não havia mortes abruptas, e os seres eram exclusivamente vegetarianos.

Depois que as primeiras transmigrações de exilados de outros orbes foram acomodadas nas zonas umbralinas, iniciou-se a reencarnação desses Espíritos rebeldes. A partir de então, a alimentação passou a ser carnívora, e teve início o terrível flagelo das coletividades que paira até os dias hodiernos. Com a interferência das várias espécies nos ciclos de vida, pela mortandade dos irmãos menores do orbe, juntamente com o adensamento do duplo etérico dos encarnados, decorrente dos eflúvios densos das emanações pútridas da digestão de carnes, qual pneumático inflado demais, alteraram-se violentamente as percepções sensoriais e a visão que tinham os humanos dos excelsos seres e dirigentes planetários, visto que as hostes umbralinas se fortalecerem. O carnivorismo forneceu o meio energético necessário e as condições propícias à sintonia com as organizações trevosas do umbral inferior que foram trazidas de outros orbes.

Iniciou-se a vampirização em massa dos encarnados, e os aspectos benfeitores que preponderavam no intercâmbio com o Astral Superior ficaram prejudicados, levando à necessidade de "frenar", por meio de uma malha magnética, o plano malévolo de entidades imorais e endurecidas no ódio. A partir de então, precisou-se criar uma tela de proteção para os futuros reencarnantes. Assim, os engenheiros siderais, responsáveis pela genética etérica dos corpos físicos, planejaram e implantaram essa barreira de proteção, visando restabelecer o equilíbrio com o plano oculto. Vedou-se a comunicação nefasta com o Plano Astral Inferior e se estancou o ataque das comunidades raivosas do além, que se encontravam revoltadas pelo exílio planetário imposto.

Obviamente, a tela etérica não se mostrou inexpugnável, se instalando assim o mediunismo, em maior ou menor grau, dependendo da ruptura pelo uso indiscriminado de magia negativa e sacrifícios animais.

Está claro que o ser em sua evolução vai refinando a tela etérica naturalmente, até chegar ao nível vibratório em que ela se desfaz. Observem os iogues, místicos e sábios de todos os tempos, seu comportamento, suas concepções filosófico-religiosas e seus hábitos alimentares, e terão um roteiro seguro de sublimação de seus corpos espirituais. Isso é um processo natural de conquista e percepção psíquica, que não estabelece nenhum "rombo" violento na tela, como ainda ocorre para a grande maioria de médiuns que labutam na seara umbandista.

De que maneira as comunidades do umbral inferior se fortaleceram e como o "peso" vibratório repercutiu no planeta na forma de cataclismos, como na época atlante?

As repercussões na crosta, pelo desnível energético entre as comunidades habitantes do umbral inferior, continuam a existir até os dias hodiernos e tendem a se intensificar. Quando se instala o desequilíbrio, como em uma grande metrópole da crosta, centro de uma inundação que ceifa centenas de vidas numa coletividade de milhões de viventes, algo há de correspondência vibratória que busca a harmonia, desde que não haja injustiças no Cosmo. Observem que ocorreu recentemente em seu orbe uma catástrofe sem precedentes envolvendo o elemento água[*], higienizador por natureza, símbolo do meio magnético necessário para separar comunidades entre vivos e "mortos" que se alimentam reciprocamente como vampiros sedentos por sacrifícios ritualísticos sanguinolentos.

---

[*]Referência à cidade norte-americana de Nova Orleans, localizada no estado de Louisiana, devastada pelo furacão Katrina.

Não por acaso, essa metrópole da América do Norte tem em cultos sincréticos derivados do vodu* uma expressão religiosa popular, em que são incorporados aspectos do ritual católico-romano, bem como elementos religiosos e mágicos africanos distorcidos, trazidos pelos escravos da etnia jeje, entre outras: entidades comunicam-se com os fiéis e se apossam dos médiuns durante cerimônias rituais. A presença do ser extracorpóreo é revelada por um estado de transe numa dança estilizada que envolve cantos, toque de tambores, danças, preces, preparo de alimentos e sacrifício ritual de animais.

Acontece que esses médiuns que tiveram seus coronários banhados com sangue, com as telas etéricas rompidas, são instrumentos de magismo negativo, assim como ocorreu na época atlante, quando, num determinado momento, imperaram as forças vibratórias do umbral sobre a crosta.

Tenham em mente que, quando há um desnível energético entre o umbral e a comunidade encarnada, as linhas de forças eletromagnéticas dos Orixás que envolvem o planeta reagem, ocasionando no plano físico potentes tempestades, tornados, terremotos e movimentações nas placas tectônicas** que sustentam a superfície terrena.

A Umbanda, desde priscas eras no planeta, combate a magia negativa em prol do equilíbrio entre as dimensões vibratórias subjacentes ao plano físico.

Sendo a tela etérica uma camada protetora de partículas subatômicas entre o duplo etérico e o corpo astral, resguardando a livre comunicação entre o plano físico e o Plano Astral, entendemos que se ela não existisse o encarnado vislumbraria a dimensão astralina e seus habitantes. Qual a relação da tela etérica com o mediunismo?

Via de regra, a mediunidade é a oportunidade sagrada de reequilíbrio diante das causas pretéritas: erros, traumas, contendas, magia negativa.

---

*O termo "vodu" deriva de *vodun*, deus ou Espírito.

**A Teoria das Placas Tectônicas postula que a superfície da Terra (litosfera) está dividida em placas relativamente finas (contendo continentes ou não) que se movem e se chocam, provocando terremotos, erupções vulcânicas e formando cadeias montanhosas.

Uma das principais causas de ruptura na tela etérica associada ao mediunismo, preponderantemente no meio umbandista, é o alto comprometimento em vidas passadas com a magia negativa.

Mencionaremos algumas causas prováveis que geram rompimento desse importante invólucro vibratório:

O excessivo contato com as energias elementais do planeta, onde residem os Espíritos da natureza, a fim de manipulá-los em proveito próprio, desequilibrando os sítios vibracionais planetários.

A manipulação e criação de elementares (formas-pensamento), mais conhecidos como artificiais, visando ao desequilíbrio alheio. Por exemplo, uma forma artificial de "diabo", com pés de bode, rabo, chifres, olhos avermelhados, muito comum nas práticas mágicas populares distorcidas.

A utilização da energia vital do sangue em ritos que objetivam a doença e a desgraça alheia, num processo de escambo com Espíritos densos que ficaram hipnotizados e escravos do poder mental do mago. Mesmo nos ritos de sacralização das religiões de matriz africana, que se utilizam da mortandade de animais, locupletam-se seres desencarnados de baixo escalão vibratório, sedentos da vitalidade emanada dos eflúvios etéricos do sangue. Infelizmente, esses rituais ocorrem com frequência atualmente.

A potencialização das energias planetárias, conhecidas como Orixás, intensificando o aspecto negativo, desequilibrando a dualidade no eletromagnetismo, ou linhas de força peculiares. Por exemplo, a vibração de Omulu auxilia o corte do cordão de prata no momento do desencarne, ajudando os socorristas que trabalham nas frentes de desligamento: hospitais, locais de acidente, frentes de batalha, mas todos atuam com a licença de Xangô, para que haja justiça. O magista negativa essa energia, por meio de oferendas com ritos sanguinolentos que interferem nos campos vibratórios do Astral, almejando o desencarne abrupto ou a desvitalização de seus inimigos, nada tendo a ver com merecimento e em total desrespeito ao próximo.

Tenham em mente que a mediunidade na Umbanda é ativa, logo, é oportunidade divina de retificação diante das leis universais. Cada incorporação de uma verdadeira entidade da Umbanda, seja pai velho, Caboclo ou Exu, que atua na magia para equilibrar, dentro da Lei, propicia ao seu aparelho o fechamento gradativo da tela etérica, reequilibrando-o energeticamente. Isso varia caso a caso, e é impossível uma generalização.

Quanto mais ostensiva a mediunidade de incorporação na Umbanda, maiores os desmandos na magia negativa em vidas passadas e os níveis de rompimento da tela etérica.

Pode citar-nos outras formas de rompimento da tela etérica ou búdica e como os processos obsessivos potencializam esses "rombos"?

Uma delas é o arraigamento nos vícios, principalmente o fumo e o álcool, ao longo de várias encarnações. As energias que mantêm a harmonia das células e dos tecidos podem sofrer interferência por aparelhos etéricos colocados para causar desarmonia. A ação deletéria desses instrumentos tecnológicos das trevas consegue, nos casos mais complexos, romper a coesão atômica do duplo etérico, repercutindo negativamente na contraparte física do órgão visado, passando as células a se comportarem como indiferenciadas, aumentando a multiplicação desorganizada e se instalando nelas, definitivamente, os processos de câncer.

Assim, qual formigueiro que se instala no monturo de terra, instala-se um núcleo de tumor maligno. Tal desequilíbrio energético é atingido pelo fato de a organização psíquica da vítima (duplo etérico) apresentar brechas, que se refletem no corpo físico e podem ser facilmente exploradas em consequência de seu próprio desequilíbrio físico.

Seria possível oferecer-nos maiores elucidações sobre a fisiologia etérica da tela búdica e sobre como a ação predatória de agentes externos pode causar doenças?

A tela situa-se entre os chacras do corpo astral e do duplo etérico. É uma rede eletromagnética de alta condensação que envolve todo o corpo astral e tem seu fulcro de ressonância vibratória nas camadas etéricas mais próximas do corpo físico. Dessa forma, serve como uma barreira vibratória contra os seres predadores habitantes do umbral inferior.

O maior objetivo dos ritos de magia negativa que utilizam as emanações etéricas do sangue é romper essa proteção natural. Aglutinando grandes quantidades de energias vitais altamente deletérias, mais a força mental dos Espíritos malfeitores, direcionam para o alvo visado, geralmente um órgão físico que em vida passada foi enfermiço, e ficam durante meses ou anos vibrando. É assim que aparecem as doenças incuráveis, que, de uma hora para outra, derrubam a vítima. Sendo bem-sucedidos em seus intentos, rompida a tela etérica, o ser se vê facilmente desdobrado e escravizado em zonas de baixíssima vibração. Potencializam o processo nefasto que desvitaliza a vítima indefesa, imantando-a com Espíritos recém-desencarnados, artificiais, ovoides, aparelhos parasitas e outras engenhosidades que mentes maquiavélicas conseguem idealizar para alargar os "rombos" da tela etérica.

Como podemos nos defender desses ataques que, cremos, caracterizam situações avançadas de assédios energéticos na psicosfera humana e como ocorre a reconstituição da malha etérica?

Podem designar a aura humana como um tipo de "halo energético" que circunda o organismo fisiológico. É reflexo do teor vibratório decorrente do estado mental-afetivo da pessoa em sua permanente e dinâmica ação, consciente ou inconsciente. A mola propulsora que determina a manutenção elevada das vibrações circundantes desse halo é mantida, ou não, pelo trinômio *pensamento*, *vontade* e *ação*, que traduz diretamente a evolução moral e espiritual do ente.

Um dos maiores motivos de "abertura" para os assédios que visam atingir a malha etérica é a auto-obsessão, em que o próprio ser se obsedia em permanente fixação mental negativa, em processo de monoideia que cria formas-pensamento que ele mesmo irradia e que estabelecem a frincha vibratória para os ataques magísticos das sombras. Esse estado, dependendo da amplitude e da força mental, tanto do sujeito-alvo do assédio como do emissor da carga deletéria que se fixa em sua aura, pode abrir "arquivos" de outras existências, integrantes do acervo inconsciente de realização do Espírito. Estabelecido esse curto-circuito, instala-se um processo mórbido que rapidamente atinge a malha etérica e o órgão físico visado, potencializado por força magnética que dinamiza os clichês mentais que o indivíduo plasma em seu desequilíbrio psíquico energético.

Ampliando o quadro nefasto da malha etérica rompida, recapitulações de emoções e sensações fazem o ser se desdobrar facilmente, procurando, egoisticamente, no Astral Inferior, a realização do que não consegue satisfazer nas entranhas sensórias, em estado de vigília. Em outros casos, o auto-obsediado se compraz em manter tal situação porque insiste na busca de satisfação pessoal pela recapitulação de emoções vividas, compatíveis com o seu modo de ser e agir, não se importando em mudar de atitude.

A maior proteção quanto aos ataques e assédios nefastos é o indivíduo combater o comodismo, o medo, a rigidez e a fuga de si mesmo. A prevenção está na conduta evangélica, e a libertação do transtorno assediante que se instalou passa por uma reformulação por meio da boa conduta, da prática do amor, do perdão e da caridade ao próximo.

Nos casos em que a malha etérica está rompida por processos magísticos oportunistas, que se instalam num momento de invigilância e fragilidade psíquica, tão comum nos atribulados dias hodiernos, em que o merecimento do cidadão fica distorcido e seu livre-arbítrio desrespeitado, os Pretos Velhos e Exus da Umbanda refazem-na facilmente, como prestimosos costureiros do além. Não temos como descrever como ocorre essa operação cirúrgica holográfica, pois falta vocabulário do sensitivo que nos serve. Todavia, muitas vezes, existem casos que necessitam de toda uma encarnação em que o sujeito, hoje médium, resgata e costura em si mesmo o que destruiu no passado, no campo do magismo negativo. É necessária uma vida de caridade para fechar a malha etérica associada à mediunidade com Jesus, sagrada oportunidade concedida a muitos medianeiros que militam na seara umbandística.

Capítulo 8
Escolas filosóficas orientais e gênese umbandista

Ramatís responde

As escolas filosóficas orientais pregam as verdades universais, observadas ao longo dos tempos pelos místicos, magos, sábios, iogues, santos e sacerdotes que as formularam pelo intercâmbio com os planos inefáveis, o que hoje em dia se entende como mediunidade. A Umbanda é universalista?

A Umbanda é a mais universalista das religiões, doutrinas ou filosofias existentes atualmente na Terra. Não por acaso, tem sua porta aberta a todos os Espíritos, independentemente de sua forma ou crença: "Todas as entidades serão ouvidas, e nós aprenderemos com os Espíritos que souberem mais e ensinaremos àqueles que souberem menos; a nenhum viraremos as costas nem diremos não, pois esta é a vontade do Pai", disse o Caboclo das Sete Encruzilhadas na fundação da Umbanda. Assim, negros, índios, baianos, chineses, ciganos, doutores, profetas, sábios, iogues, santos celestiais e andarilhos dos umbrais, todos são o povo da Umbanda.

Ela é universalista em sua essência doutrinária, e todos os livros sagrados estão contidos em seus ensinamentos. É normal enxergarem um Pai João ou Caboclo Roxo no terreiro recitando Jesus, Buda, Krishna, Zoroastro ou Confúcio, pois todos são importantes, todos são bem-vindos. Baforadas xamânicas, magnetismo egípcio, medicina aiurvédica, ervas diversas, cromoterapia. Como é divina a magia da Umbanda! Dispensa os dogmas paralisantes e alarga as capacidades anímico-mediúnicas; fortalece o amor e amplia o entendimento espiritual fazendo o ser, aos poucos, se voltar para o Todo, onde um dia esteve e para onde voltará como individualidade imortal, liberta das formas transitórias e de suas personalidades ilusórias.

Os Espíritos do outro lado – que acompanham o Planeta Azul desde muito tempo, viveram o esplendor da Índia, as maravilhas do Egito, a magia indígena e africana sem distorções até o auge da civilização atlante – são unânimes em reconhecer na Umbanda sua universalidade, neste momento cósmico da formação da consciência coletiva que abrirá as mentes para a convergência entre todas as religiões, o que não significará uma única fonte religiosa no orbe, mas todas irmanadas num mesmo ideal de fraternidade. Será a unificação no amor, a convergência com o Um se fazendo expressar no comportamento dos cidadãos da Nova Era.

Percebemos uma proliferação de "códigos" de Umbanda. Aos umbandistas, em sua maioria não muito afeitos ao estudo, esses "tratados" parecem definitivos, complicados e de difícil entendimento. Tanto isso é verdadeiro que proliferam os cursos pagos para acesso aos mistérios, muitos formando "magos". Isso é condizente com a mediunidade natural e inequívoca (Zélio de Moraes incorporou o Caboclo das Sete Encruzilhadas aos 17 anos, sem nenhum curso), com a simplicidade e a essência da Umbanda, ou seja, realizar a caridade?

Desde os idos da saudosa Atlântida, o acesso aos mistérios sagrados foi de natureza seletiva. Impunha-se alta moralidade e índole psicológica afeita ao altruísmo aos iniciantes, no sentido de preservarem os conhecimentos ocultos da aplicação negativa no campo da magia. Nos dias atuais, o conhecimento está plenamente democratizado, e cada um elege para si aquilo que o atrai em afinidade.

No caso do canal mediúnico que irrompe de forma inequívoca e natural, em que uma entidade de alta estirpe moral se apropria da *aparelhagem psíquica do médium*, ditando orientações de alto valor doutrinário, inevitavelmente trata-se de Espíritos que tiveram longa e árdua formação em várias encarnações.

É preciso entender que um ritual nada mais é que um meio de organização terrena para disciplinar os atos invocatórios de acesso aos planos ocultos, ocorrendo as verdadeiras iniciações no templo interior de cada criatura. Portanto, requer amor e ações práticas de auxílio ao próximo, sem interesses personalistas, desde épocas anteriores à atual encarnação. Ritual de iniciação aplicado se o iniciando não tem outorga e cobertura espiritual é como uma carta remetida para endereço inexistente: as energias invocadas e evocadas pela força mental do médium iniciador não encontrarão imantação no objeto da iniciação.

Ocorre atualmente um atavismo em muitos religiosos de antanho que se encontram, dentro do movimento de Umbanda, dispostos espiritualmente a criar castas e séquitos, como se fossem proprietários da verdade definitiva, sem nenhum comprometimento com a preexistência espiritual dos rebanhos que pagam para ser iniciados coletivamente. É mais uma apoteose ritualística externa coletiva que se "acasala" no Espírito acrisolado no escafandro grosseiro, ofuscado pelos rituais metódicos, do que interiorização do cidadão entre dimensões de vida diferentes.

A luz e a simplicidade da Espiritualidade, a qual abarca todas as religiões, pois em todas está, começam a despontar nas consciências muito antes da atual encarnação. Para entenderem a profundidade dessa assertiva, será uma surpresa para vocês dizer que, quanto mais simples e amorosos forem, mais espiritualizados serão, numa relação direta de proporcionalidade, seja qual for sua religiosidade.

O intelecto humano é constritivo e os separa da totalidade como Espírito. Enquanto as consciências sacerdotais (e para ser sacerdote não é preciso ser médium) estiverem retidas nas discussões intelectuais que fortalecem a mente concreta, não conseguirão sentir as percepções elevadas das verdades cósmicas.

A essência umbandista dispensa o apelo de ser ela uma religião definitiva, cheia de dogmas e tratados estupendos, o que exigiria a capacidade de sintonia mental do iniciador com seu eu superior (*atma-budhi-manas*), sua fonte de sabedoria, intuição divina e iluminação interior. O contrário seria uma tendência de tornar complexo o que é simples, o que demonstraria um intelecto avantajado em conhecimento, mas de pouca sabedoria espiritual, fadado a se fixar em códigos definitivos, qual pássaro hipnotizado em explicar as penas das asas (cor, tessitura, quantidade, composição, frequências, átomos, moléculas), considerando que voar é dispensável, sem graça, como se as asas fossem mero acessório, acompanhado de enorme manual explicativo sem nenhuma serventia prática, pois o ato de voar do Espírito é intuitivo.

Para compreenderem melhor, imaginem um cientista descobrindo muitas verdades subjacentes relacionando o mundo físico aos Orixás, o que o levará a enfatizar fatores como eletromagnetismo, ondas fatoriais e linhas de forças, criando complicados mapas carregados de simbolismo mágico, mas permanecendo numa esfera oca, sem a essência da simplicidade que cria a sabedoria quando associada ao conhecimento em auxílio ao próximo, permanecendo totalmente alheio às realidades espirituais mais profundas. Há uma desconexão espiritual que exclui, o que o impede de entrar nos reinos de inclusão dos verdadeiros Orixás: praticar a caridade desinteressada, simplesmente utilizando o canal mediunidade, como aconteceu com o jovem médium que cedeu seu psiquismo ao Espírito missionário que comunicou a Umbanda.

Na busca pela estruturação de uma doutrina de Umbanda, existem dogmas que afirmam que nós, Espíritos, sempre existimos na eternidade. Eles também nos levam a acreditar que as escolas orientais que propagam sermos chispas, fagulhas ou centelhas que se soltaram de Deus são mera imagem comparativa para nosso entendimento. Pode oferecer-nos elucidações sobre algo tão metafísico?

Existe um único Eterno para todo o sempre. Se fossem igualmente eternos, seriam "iguais" ao Criador, incriados como Ele, que é inigualável em Sua natureza divina. Vocês têm a eternidade pela frente, mas não são eternos desde que houve um momento cósmico em que foram criados. Confundem sua condição de vida infinita de Espírito com a ideia de que sempre existiram no tempo, o que é uma distorção doutrinária por algo não compreendido.

Está claro que os conhecimentos da teosofia* compilados ao longo da História servem como referenciais à Umbanda e a todas as outras doutrinas da Terra. A verdade universal extrapola a intenção de fundar uma nova doutrina. Os postulados milenares trazidos pelos teosofistas valem para todas as filosofias, doutrinas e religiões da Terra, uma vez que foram criados pelo estudo comparativo de todas.

A sua vibração, peculiar à natureza espiritual do Cosmo, não se dissocia nunca de seu contato com o Divino, como querem fazer acreditar. O brilho da chama do palito de fósforo não ilumina como o Sol no firmamento celeste, mesmo ambas as coisas tendo igual princípio em sua ação iluminadora: a primeira se faz ver na escuridão; a segunda é toda luz. A mônada divina está em vocês, ansiando sempre pelo devir. O que acontece é que está vestida por veículos cada vez mais densos, a fim de permitirem sua manifestação nos planos vibratórios inferiores, alcançando o transitório e perecível conjunto mental-astral-etérico-físico.

Seria a Umbanda a única corrente filosófica, doutrinária e religiosa encarregada de promover a restauração dos "mistérios maiores", a verdadeira tradição de sabedoria dos magos e iniciados ao longo da História?

Sem dúvida, a Umbanda promoverá a reinstalação de muitos conhecimentos e práticas dos antigos magos e iniciados. Por ter em sua essência doutrinária a rejeição a dogmas, está em constante evolução enquanto movimento ativo e dinâmico no Espaço. Abriga e incorpora, constantemente, em suas práticas, fragmentos de quase todas as filosofias mágicas ancestrais, desde os idos da saudosa Atlântida. Por isso, é criativa, dinamizadora e transforma ininterruptamente o meio à sua volta, num espectro eminentemente benfeitor.

---

*A palavra "teosofia" tem origem no grego *theosophia* (*theos* = Deus; *sophos* = sabedoria) e, geralmente, é traduzida como sabedoria divina. O termo "teosofia" possui várias interpretações, como, por exemplo, tradição-sabedoria (a sabedoria presente em toda religião, filosofia e ciência), sendo é uma filosofia perene. De forma mais restrita, designa as doutrinas filosófico-religiosas sistematizadas por Helena Petrovna Blavatsky, cuja principal referência é sua mais importante obra, *A doutrina secreta*, de 1888. A teosofia tem relação com o ocultismo e com as tradições milenares orientais, depositárias da sabedoria oculta milenar, que trouxe para o Ocidente, expandindo-a.

Com toda a sua abrangência em solo pátrio e nos planos rarefeitos, aliada à sua importância para os Maiorais sidéreos, conquanto indispensável ferramenta crística, passa longe de ser uma única corrente ou um único caminho doutrinário-religioso-filosófico, o que demonstraria comportamento sectário e dogmático de seus formuladores no Astral Superior.

Não façam como o orgulhoso beduíno com seu belo e magnífico camelo: taxando-o de superior ao dos outros viajantes das áridas regiões desérticas, subestimou o bornal de água, o que o levou a sucumbir de sede em meio à longa travessia.

Pode nos dar maiores detalhes sobre as energias cósmicas de outras esferas universais, rebaixadas pelas forças vibracionais, ditas Orixás, causadoras da associação interdimensional que permite a concretização do movimento de Umbanda na egrégora planetária?

É difícil nos fazer entender, tanto por seu acanhado vocabulário como pela limitação do sensitivo de que ora nos servimos, fato natural por sua condição de encarnado.

As energias cósmicas têm de se condensar para se fazerem manifestar nos planos astral, etérico e físico. Para tanto, sofrem uma "descida" vibratória, de frequência, adensando-se pela interferência dos poderes não manifestados de Deus, os Orixás. Grosseiramente, é como se eles fossem espécies de vórtices vibratórios ocultos, com intensa força centrípeta*, canais por meio dos quais as energias irão se materializar. Numa imagem singela, mas didática, imaginemos sete cones de luz de cores diferentes, originados do Imanifesto e dirigindo-se para o Universo manifestado. Cada um deles funcionaria como uma "escada" vibratória, por meio da qual desce a energia criadora primordial, e dentro desse cone de luz se materializariam as formas nos planos exteriores. Cada uma delas, embora partilhando as energias de todas as cores, guarda uma afinidade básica com a cor do foco por onde "desceu". Esses cones, ou vórtices cósmicos do trânsito da energia, são as vibrações dos Orixás.

---

*Essas forças são de fora para dentro, do rarefeito para o denso, do abstrato para o concreto, do espiritual para o físico.

Esse rebaixamento vibracional é realizado por Exu, como se fosse um par perfeito. Orixá é a energia, e Exu, o movimento, o princípio transformador, o qual não tem limites dimensionais, interferindo em todos os entrecruzamentos vibratórios entre os diversos planos do Universo.

A alta hierarquia espiritual que dirige a Grande Fraternidade Universal, constituída de Espíritos de várias localidades cósmicas partícipes do processo de criação com o Divino, utiliza seus largos poderes mentais fazendo essas energias serem moduladas em sua descida vibratória, adensando-as por meio dos aspectos subjacentes de Deus, ou Orixás. Estrutura-se assim a essência cósmica, permitindo às mônadas espirituais (centelhas divinas) a conexão com os átomos permanentes* em cada dimensão (plano), fazendo essas chispas informes comandarem, por aglutinação de átomos dos vários planos, formas adequadas ao meio: os veículos ou corpos sutis que as vestirão em cada dimensão do Universo setenário (átmico, búdico, causal, mental inferior, astral, etérico e físico), por sua vez, estão diretamente relacionados com os sete Orixás da Umbanda, a mais genuína magia *Aumbandhã*.

Embora suas elucidações sejam desprovidas de excessos simbólicos e hermetismos, como habitualmente lhe é peculiar, o presente tema é profundamente metafísico. Entendemos que mesmo no macrocosmo, por meio do trabalho dos engenheiros siderais, em paragens cósmicas inimagináveis a nós, eles utilizam a magia dos Exus para o rebaixamento vibracional das energias ditas Orixás. Pode nos dar um exemplo desse magismo divino no microcosmo, relacionado à nossa realidade existencial?

Assim como Exu "coordena" o movimento ocasionado pelo rebaixamento energético dos Orixás e a "passagem" deles entre os entrecruzamentos vibratórios nas diversas dimensões espirituais, também desloca essas energias para o interior dos organismos físicos, o último e mais denso veículo para a manifestação da vida universal.

---

*Átomos permanentes, um de cada plano, são aqueles que permanecem com as mônadas de forma constante, após cada encarnação e até depois de completado seu trânsito evolutivo, funcionando como *chips* de memória, onde ficam entesouradas todas as experiências pretéritas da centelha naquele plano.

Exemplifiquemos com a energia que se denomina Ogum: é a energia da luta, da realização, o impulso que leva à ação, em todos os níveis, no Universo e no ser humano. É a energia inicial, simbolizada no primeiro signo, Áries. Em seu processo metabólico, há uma correspondência disso com o elemento químico ferro, entre tantos outros que servem de pontos de imantação para Exu e sua magia de transformação. Esse metal é afim com o Orixá Ogum. Proporcionalmente à taxa de ferro, quanto menor sua incidência, mais frágil o organismo e menor sua força, sua energia de luta; quanto maior sua participação, mais vitalidade, pelo aumento da fixação do prana* absorvido inicialmente pela respiração nas células de todo o corpo físico. A ausência de ferro produz anemia, que se manifesta como falta de energia de ação, inércia, apatia. Quando a taxa de ferro se mantém baixa por longos períodos, a organização fisiológica fica suscetível à leucemia, ao câncer e às doenças oportunistas.

Diante do exposto, podem concluir que o macrocosmo é semelhante ao microcosmo, isto é, o sopro divino atua da mesma forma em cima e embaixo.

Os processos criativos divinos são pouco esclarecidos nas religiões do Ocidente. Tendo Deus criado todas as criaturas por Sua vontade, por que a origem dos Espíritos é considerada um mistério?

A Suprema Inteligência Universal extrapola a eternidade e o tempo, considerando o Espaço infinito e todos os Espíritos do Cosmo. Ele criou tudo: os planetas, as galáxias e os planos dimensionais, a "descida" da mônada espiritual das esferas não manifestadas para as dimensões da morfogênese dos Espíritos, saindo direto do "ventre" divino, do "seio" do Criador, "apropriando-se" de envoltórios tanto mais pesados quanto mais densos forem os meios em que ela será manifestada. É oportunidade incomensurável de evolução pelo exercício do livre-arbítrio e o devido merecimento para a ascensão evolutiva. É óbvio que a Inteligência e a Potencialidade Divina se fazem presentes nas mônadas recém-criadas. Assim, pela análise laboratorial de uma gota oceânica, vocês podem inferir que todas as propriedades químicas que a compõem estão presentes

---

*Prana é a energia vital do Universo que tudo envolve, de acordo com o hinduísmo.

na massa de águas salgadas do globo terrestre. É impossível sustentar toda a vida terrícola que depende do elemento água no planeta por meio dessa minúscula amostragem. Da mesma forma se comportam as chispas espirituais recém-criadas, como se estivessem num "berço" virginal, sem nenhum contato com os mares revoltos das formas existentes nos diversos planos dimensionais. Na verdade, não existe o mistério, e sim uma incapacidade de compreensão da coletividade encarnada quanto aos ditames superiores da Criação Divina.

A teoria de que somos criados simples e ignorantes não é contraditória diante da afirmação de que os Espíritos são chispas do princípio inteligente universal?

Quando vocês dizem aos seus filhos para se comportarem, caso contrário o Papai Noel não lhes entregará os presentes no Natal, com suas renas voadoras, vocês utilizam um recurso comparativo didático ou realmente acreditam que isso é verdadeiro? A adjetivação caracterizadora do estágio evolutivo dos Espíritos (simples e ignorantes) não significa defeito de fabricação na unidade fabril do Pai. Quer dizer tão somente que, inicialmente, são singelos e desconhecem as verdades cósmicas.

Numa visão simplificada, podemos afirmar que os Espíritos são criados com a luz e a capacidade cósmica do Criador. São iguais a gotas de um imenso oceano, com a mesma potencialidade quanto ao estado germinal, só que não conseguem abrigar os navios mercantes e cardumes de peixes que abriga o oceano. É necessário se distanciarem do "berçário" virginal e mergulharem rumo aos mares revoltos até sua maior profundidade: o plano físico. Lá chegando, e durante evos, após o estágio nos reinos mineral e vegetal e o início das primeiras encarnações humanizadas, são simples e ignorantes sobre as verdades espirituais.

Gradativamente, os Espíritos, vestidos com as roupagens necessárias para adquirir experiência por esforço próprio (os corpos sutis que servem como veículos de consciência nos planos rarefeitos), vão adquirindo atributos particularizados de inteligência, vontade e sentimento, retomando aos poucos para a superfície que tangencia o Imanifesto, nas dimensões superiores próximas ao plano atômico. Isso levará enorme quantidade de tempo, em conformidade com a expansão de suas consciências, como se cada vez fossem tendo um compartimento maior em seu poder para encherem com a água do oceano criador, ao contrário da gotícula inicial. Todos, inexoravelmente, estão destinados a um dia completar a reunificação com o Criador, sem perda de individualidade, direito cósmico intransferível adquirido por meio das experiências em todas as dimensões do Universo. Nessa ocasião, serão construtores siderais, ditos Orixás maiores na Umbanda.

Os Espíritos, quando "descem" do berçário virginal (denominação do Cosmo espiritual, na Umbanda esotérica), teriam a "opção" de permanecer, pelo exercício do livre-arbítrio, nessa alta esfera vibratória, como se existissem dois tipos de carma, um constituído naturalmente quando somos criados e outro causal? Faz parte das leis evolutivas que todos penetrem no "outro lado do espaço cósmico", setenário, onde existem os sete planos dimensionais mais densos, até o astral-etérico-físico?

O exercício do livre-arbítrio se ampara no discernimento oferecido por uma consciência capaz, o que será propiciado, gradativamente, pelo atrito nas formas que abrigarão os Espíritos nos planos mais densos. Assim como a limalha de ferro é atraída pelo magnetismo do ímã, também as mônadas recém-criadas são "puxadas" para "baixo". É como se estivessem num estado de dormência, o que as incapacita de decidir por si. Desse modo, o Pai criou as diversas dimensões, para que, paulatinamente, haja o despertar das capacidades divinas de cada um.

Quanto à formulação teórica apresentada, que cria um dogma de uma doutrina exclusiva de que existem dois carmas, explicamos: o primeiro tido como "carma constituído" originariamente, como se cada mônada "nascesse" com uma classificação cósmica específica que permitiria a existência numa eterna vacuidade, um vazio infinito e neutro, indefinido, para indicar a proximidade com o Incriado, é um equívoco; o segundo, conceituado como "carma causal", é procedente, uma vez que está de acordo com as leis cósmicas e o exercício do livre-arbítrio.

As leis universais que regem os movimentos ascensionais são únicas e equânimes. Se fosse dado aos Espíritos oportunidade de decidir ficar "junto" do Pai, em eterno arrebatamento, êxtase e beatitude, seria dispensável a necessidade de todo o Cosmo manifestado. Inexistiriam as sete dimensões vibratórias do Universo, e a evolução perderia o sentido, qual depósito de robôs sem vontade própria, criados todos iguais.

Em relação à origem e criação dos Espíritos, declaram alguns irmãos umbandistas que nós somos incriados, coeternos com o Pai, ou seja, nossas origens se perdem no tempo. Preconizam que, absolutamente, embora tenhamos nos originado da Essência Divina que interpenetra tudo no Cosmo, não fomos criados do próprio Pai-Deus, pois sempre existimos. Quais suas considerações diante das filosofias milenares do Oriente que contradizem essas teorias?

O conhecimento das leis cósmicas trazido aos homens desde remotas eras pelos relatos dos sábios, por meio da História, criando o "novo" em sua escassa cognição, nunca negou o estabelecido anteriormente. As tempestades que removem as dunas de areia no deserto, dando-lhe nova geografia, não o transformam em outro. Dessa forma, assim como a miragem em dia causticante não molha a areia e não mata a sede de seu iludido perseguidor, também o movimento organizado de Umbanda, do Espaço para a Terra, pode sofrer a interferência ilusória de algumas interpretações isoladas dos homens. A carência de uma doutrina exclusiva no seio da Umbanda é sua fortaleza. Abrigará todos os conhecimentos sem se deformar em sua essência universalista, unificando ciência, religião e filosofia numa indomável convergência fundamentada no amor.

A essência do Criador não se separa ou se divide d'Ele, uma vez que ela e Ele são uma coisa só, imanifesta e imanente. Ao atribuírem a vocês a prerrogativa de incriado (igual à corda que se movimenta na penumbra ao som da flauta, sendo facilmente confundida com uma cobra, o que não torna o falso guru flautista um verdadeiro sábio iogue), agem como o "anjo" rebelde, que, "igualando-se" ao Criador, deseja para si uma distinção, separando-se da Consciência Una, em inteligência, vontade, sentimento e volição. Esse princípio, que almeja colocar a formulação doutrinária da Umbanda desvinculada das verdades universais, como o são as escolas filosóficas orientais reunidas na teosofia, que, por sua vez, explica a gênese divina, é dissociado da realidade universal e fragmenta o movimento umbandista, reduzindo-o em sua amplitude, visto que impõe um dogma exclusivo.

Não conseguem entender todo o encadeamento da Criação, pois não têm os atributos para tanto no plano físico. Para perceberem as sutis interpretações das verdades universais, perguntem aos homens não botânicos quem nasceu primeiro: a semente ou a árvore? Ouvirão muitas respostas inverossímeis. Das dimensões rarefeitas, escutarão que a árvore da vida tem um único germe procriador, eterno e assexuado, que sempre existiu antes de qualquer arborescência na floresta cósmica universal.

Alguns umbandistas, ditos esotéricos, preconizam que os Espíritos, sendo criados semelhantemente a Deus, não poderiam ser simples e ignorantes, ao contrário do que diz o espiritismo. Insistimos: se fomos originados da Consciência Suprema, Única Perfeição Absoluta e impregnada de eterna bondade, como assimilar tais assertivas?

Um cravo mergulhado na água pútrida, infecta e malcheirosa continuará com sua beleza e com seu odor originais, mesmo que seus olhos e nariz o percebam pegajoso e fétido. A flor do craveiro, ao ser lavada, retoma ao seu estado original, com as qualidades peculiares que atraem seus sentidos. O perfume celestial que há em vocês é abafado pelos pesados invólucros inferiores que acondicionam o Espírito nas formas de vida peculiares aos planos densos de evolução. Nesse sentido, ao terem os primeiros lapsos de consciência que os identificam materialmente ao ocuparem um corpo físico, naturalmente serão simples e ignorantes das coisas celestes.

Observem que o ar é o mesmo em toda parte, mas, ao ser colocado dentro de uma jarra tapada na despensa, não é análogo ao frescor ensolarado dos cumes montanhosos. As formas transitórias são úteis a cada meio em que se manifestam, para abrigar a centelha espiritual monádica em seu longo percurso evolutivo. Os atributos essenciais não se alteram, são imutáveis, porém moldam-se morfologicamente a cada dimensão vibratória. Não perdem a potencialidade crística momentaneamente adormecida e abrigada na forma de veículos da consciência, assim como a argila que se transforma no jarro não deixa de ser o que é, mesmo separada do barreiro.

Um dos postulados dessa referida doutrina esotérica de Umbanda afirma que seremos eternamente masculino ou feminino. Diz que são ingênuas e duvidosas as filosofias que defendem as reencarnações ora como homem, ora como mulher. Fundamentam esse dogma, do eterno masculino ou feminino, na cabala e na tradição do ocultismo oriental. Perguntamos, então: encarnamos sempre com o mesmo sexo?

A manifestação do Espírito no corpo físico obrigatoriamente ocorre em uma polaridade, masculina ou feminina, variando em conformidade com suas ações em vidas passadas. No Plano Astral, pode ocorrer de um Espírito, qual laranjeira que não frutificará maçãs, estar fixo em monoideia, espécie de viciação mental-emocional que o torna escravizado a um único sexo, imprimindo no corpo astral a forma de homem ou mulher, mesmo que tenha recentemente desencarnado no sexo oposto. Há aqueles que, mesmo encarnados, quando se desdobram durante o sono físico, assumem imediatamente o sexo oposto ao fisiológico. O pensamento cristalizado numa personalidade outrora vivida se perpetua em várias encarnações numa mesma polarização sexual, e a mente não consegue abruptamente alterar sua natureza. Um exemplo são os homens belos e conquistadores que abusaram muito do sexo feminino, tornando-se viciados pela troca constante de parceiras, ou ainda deslumbrantes mulheres prostitutas que "habituaram" o psiquismo à vida "fácil", fixando-se em processo hipnótico no sexo masculino ou feminino.

Isso não se relaciona diretamente com o futuro sexo em que a criatura irá reencarnar no corpo físico, que é determinado pelos mestres cármicos. É decorrência natural da relação de causalidade anteriormente gerada pelo reencarnante (carma) e sua premente necessidade evolutiva, de acordo com as leis do ciclo carnal, como se fosse nova semente jogada em solo fértil para formar outro fruto, o futuro corpo físico de homem ou mulher, independentemente da fixação do recém-encarnado numa personalidade masculina ou feminina.

Os Espíritos animarão tantos corpos, masculinos ou femininos, quantos forem necessários para se libertarem da escravidão das sensações prazerosas que esses invólucros oferecem. Os desvios sexuais interferem diretamente no campo genésico e acabam por influenciar indiretamente na morfologia que determina o sexo em encarnação que virá, como maneira salutar de retificação do Espírito desequilibrado.

O futuro do Espírito nas dimensões superiores libertas da forma ilusória dos veículos inferiores é semelhante ao Criador, que é o eterno feminino e masculino em Um. Atentem-se que as imagens retratadas pelos místicos de todos os tempos colocam os seres angélicos como belos seres assexuados.

Capítulo 9
Correspondências vibracionais das sete dimensões do Universo com os raios cósmicos ou Orixás, os corpos sutis e os chacras

Ramatís responde

Por favor, comente sobre a seguinte assertiva: "Umbanda, instrumento de socorro do Cristo Cósmico na Terra simbolizado pelo triângulo fluídico da forma".

A Umbanda é importante meio de rebaixamento vibracional das energias do Cristo Cósmico. Serve como condensadora energética para os mundos das formas (mental, astral e etérico) aos Espíritos de alta hierarquia espiritual que almejam que o Cristo esteja desperto em cada um dos terrícolas: Jesus, Maitreya, Buda, Krishna e outros Maiorais comprometidos com a evolução crística planetária. Eles direcionam essas vibrações do espaço que envolve o orbe, enfeixando-as no triângulo fluídico plasmado no Astral Superior e que sustenta o movimento umbandista no plano físico.

As apresentações dos Espíritos que labutam assumindo as formas de Pretos Velhos, Caboclos e Crianças esparramam-se sobre os terreiros de Umbanda e templos universalistas, servindo como pontos de apoio focais que sustentam um gigantesco campo de força magnética triangular que paira sobre a pátria brasileira.

Em um primeiro despertar de consciência crística, os médiuns são conduzidos (conforme seu merecimento e sua dedicação à rede de consulentes que se estrutura à sua volta e depende deles como instrumentos de comunicação com uma das formas astrais ligadas ao triângulo fluídico do Cristo Cósmico) a se conectarem ao carma coletivo, quando suas preocupações pessoais se tornam irrelevantes diante do compromisso arduamente assumido com a caridade. Com o passar do tempo nas lides mediúnicas, vai nascendo de forma gradual um novo estado de consciência, esculpindo lentamente na pedra bruta do ego inferior a refinada peça de ourivesaria para a joalheria divina.

A formação do triângulo fluídico materializa a união do Imanifesto nas formas, representado pelos sete Orixás e os sete planos dimensionais do Cosmo. Estes se interpenetram e acabam por repercutir nos corpos sutis dos médiuns e em todos que procuram a Umbanda, até o Imanifesto se fazer "sentir" nos sete chacras, que são como receptores que "traduzem" todas essas vibrações aos veículos inferiores da consciência encarnada (corpos astral, etérico e físico).

Esse triângulo materializa a fraternidade universal. É mantido pelos princípios ou atributos divinos que regulam a vida e a cosmogênese, conhecidos como Orixás ou raios divinos. São sete vibrações cósmicas interpenetradas que repercutem nas dimensões do Universo em que o Espírito se "rebaixa", chegando ao que entendem como corpo sutil e chacras.

Pode dar-nos maiores detalhes sobre os motivos de a forma geométrica triângulo ser tão importante em seus ensinamentos?

O que a maioria de vocês nomeia como Deus, o Logos de seu Sistema Solar, seja lá qual for a denominação filorreligiosa doutrinária dada pelos homens nas diversas línguas, é uma Trindade que se "expressa" por três aspectos primordiais.

São muitas as designações na Terra para uma mesma verdade cósmica, pois a compreensão humana encontra-se fragmentada como um alce assustado no meio da floresta incendiada, ao contrário de habitantes de outros orbes do Universo, que, quais pássaros, pairam calmamente acima da mata enxergando toda a sua plenitude. Há Ahura-Mazda, Mithra e Ahriman, do mazdeísmo; Kether, Binah e Chokmah, da cabala judaica; Taulac, Fan e Mollac, entre os druidas; Amitabha, Avalokiteshvara e Manjushri, no budismo; Anu, Ea e Bel, entre os fenícios e assírios; Odin, Freya e Thor, na mitologia escandinava; ou Osíris, Ísis e Hórus, entre os egípcios, todos conhecidos no Ocidente como Pai, Mãe e Filho, que simbolizam geração e interação. No hinduísmo (Brahma, Vishnu e Shiva), existe a trindade sem o elemento feminino, sendo reconhecido que em cada um dos aspectos divinos masculinos há uma consorte (poder) que rege o elemento materno.

É óbvio que a dualidade masculino e feminino, positivo e negativo, espermatozoide e óvulo, é a manifestação do poder divino na matéria, ou microcosmo. São essas referências, algo inferiores, mas não menos dignas, que devem conceber quando mencionarem a própria Trindade, uma vez que não conseguirão compreendê-la nos planos inefáveis e superiores, onde o Um é todos, e todos são Um. Nessas paragens dimensionais, as individualidades não estão fragmentadas nas personalidades transitórias, que os levam a perceber em hipnose coletiva as coisas do macrocosmo desfragmentadas do Todo, o que os ilude.

No sistema cristão ocidental, altamente influenciado pelo catolicismo romano, temos Pai, Filho e Espírito Santo, sendo que existem alusões de que o Espírito Santo carrega o poder feminino. Essa necessidade de conhecermos a divina maternidade encontra referência no culto à Virgem Santíssima e a Iemanjá. Embora não pertençam à Trindade, assim como no hinduísmo não há o elemento feminino, existe necessidade latente de cultuarmos a mãe do mundo, a rainha universal dos anjos e dos homens e estrela do mar. Quais suas considerações sobre o tema?

É natural o anseio de cultuarem o elemento feminino, uma vez que ele expressa em maior amplitude a própria criação cósmica das mônadas espirituais e é um aspecto do Logos Universal, que não é nem masculino nem feminino, embora seja os dois ao mesmo tempo. Quando se referirem à maternidade, à procriação, tentem percebê-la como um aspecto primordial do equilíbrio cósmico. Os processos criativos são ininterruptos, sempre existiram, eternos e infinitos. Devem compreender que existe um grande departamento de maternidade no governo oculto do mundo, na Grande Fraternidade Universal. Assim, outrora o anjo que encarnou na mãe de Jesus, eleito para abrigar um Espírito de tal envergadura espiritual e tamanha amplitude vibracional, como é o amado Mestre dos mestres, ocupa desde então o "posto" de mãe do mundo. Observem que, seja o filho Jesus ou Oxalá, e a mãe Maria ou Iemanjá, na Umbanda, são meras referências sincréticas que representam verdades universais.

Quais as funções da mãe do mundo?
Ela trabalha diretamente na procriação, aspecto secundário no plano concreto, astral-físico, do processo de criação divina de mônadas espirituais. Veladamente, todas as mães do mundo são zeladas, e o elemento água nos úteros maternos serve de imantação para a força irradiada dela, que tem sob seu comando vasta hoste de seres angélicos. Ao nascer de cada rebento, sempre há um representante zelando por ele. Isso não significa proteção descabida. Os nascimentos ocorrerão segundo parâmetros justos das leis universais, que impõem que cada um colhe de acordo com sua semeadura. Assim, desde o Espírito que renasce na choupana imunda e fétida, de pai desconhecido e entre irmãos desnutridos, na vila da periferia, até os assépticos e iluminados quartos hospitalares das classes abastadas, lá está um anjo a postos com o mais profundo amor pelo Espírito "nascituro" em novo corpo físico, sabedor de que a reencarnação é uma oportunidade abençoada de retificação daquela consciência milenar, mesmo em condições aparentemente desfavoráveis aos olhos impacientes da iludida sociedade humana.

Solicitamos maiores elucidações sobre as sete vibrações cósmicas interpenetradas. Assim, como ocorre a apropriação atômica elemental em cada dimensão vibratória?
Na descida vibratória de cada mônada espiritual para os mundos inferiores, no inexorável apelo magnético de individualização, ela é atraída para os planos mais densos de manifestação. Nesse mergulho, apropria-se

dos elementos próprios de cada dimensão para conseguir se manifestar de forma peculiar ao meio.

Para sua compreensão, imaginem um minério puro que, exposto à luz do Sol, gera raios iridescentes à sua volta, sendo jogado num lago profundo. Atrai pelo magnetismo peculiar do meio aquilo que é natural no hábitat: folhas em decomposição, lama, algas, detritos, restos cloacais, entre outros. Esse mineral, magnetizado com a força vibratória do meio que o abriga, estará irreconhecível ao tocar o fundo lodoso e pútrido. Assim é a apropriação atômica no reino elemental nas dimensões vibratórias do orbe terrestre, no encadeamento da descida das mônadas espirituais que se "soltam" da luminosidade do Logos Universal.

Por que adota os sete Orixás – Oxalá, Iemanjá, Yori, Xangô, Ogum, Oxóssi e Iorimã – como referência em seus escritos e não os demais?

Não existem verdades absolutas na Terra. Os outros Orixás e suas nomenclaturas são existentes e apresentam escopo vibratório no Astral. Para efeito didático, afirmamos que todos acabam se enfeixando num dos sete Orixás citados, assim como todos estão em Um, e o Um está em todos. Esse modelo tem ampla referência em escritos impressos na Terra e facilita o entendimento e o estudo da Umbanda até os primórdios do Planeta Azul. Quando não impomos modelos definitivos intocados, liberamos os prosélitos para que procurem as respostas que mais satisfaçam aos seus anseios na diversidade umbandista. Não devem fazer das diferenças de nomes motivo de sectarismo. Aceitem indistintamente todos os que estão na Umbanda para fazer a caridade. Resta afirmarmos que, como roteiro de estudo, afim com as verdades consagradas no Oriente, o qual temos compromisso de trazer para o Ocidente, retroagindo até os idos dos templos da luz da saudosa Atlântida, daí se espraiando para outros orbes do Universo, a *Aumbandhã* setenária é a mais profunda manifestação do Divino nos planos dimensionais.

Observações do médium

Este triângulo nos foi passado por Ramatís pela clarividência e simboliza a estrutura do Cosmo ou a própria gênese divina. Na verdade, no Espaço, ele é holográfico e representa no microcosmo o macrocosmo, um tanto difícil de transferir para o plano tridimensional na forma de gráfico e letras, diante do limitado canal da mediunidade.

Correspondências vibracionais			
Raio cósmico	Orixás	Dimensão vibratória	Chacras
1	Oxalá	Átmica	Coronário
2	Iemanjá	Búdica	Frontal
3	Yori	Causal	Laríngeo
4	Xangô	Mental inferior	Cardíaco
5	Ogum	Astral	Gástrico
6	Oxóssi	Etérica	Esplênico
7	Iorimã	Física	Básico

Figura 1: Triângulo primordial da fraternidade universal – *Aumbandhã setenária*

Quanto aos sete raios cósmicos, às dimensões do Universo e à relação com os Orixás e chacras, explique, por favor, sua expressão: "genuína magia *Aumbandhã*".

Podemos afirmar que os sete logos da teosofia correspondem vibratoriamente aos sete Orixás. Esses raios primordiais constituem o Logos Universal Manifestado que propicia a vida nos planos concretos, por meio das dimensões vibratórias que lhes são peculiares. É importante realçar que cada hierarquia*, ou raio cósmico, ou Orixá, tem sete subdivisões, ou subplanos dimensionais, e assim sucessivamente, como uma multiplicidade de Orixás menores. Estes se manifestam com uma série de cores e sons, em que uma cor ou som peculiar prepondera em intensidade sobre os demais, dependendo de quem ou do que os sintoniza ou serve como ponto de imantação na Terra. Daí inferirmos que são dispensáveis e estéreis as discussões sobre qual a cor que prepondera para um Orixá específico, o que só faz causar conflitos separatistas entre os adeptos da Umbanda. O Orixá do irmão ao lado, simbolizado em determinada faixa cromática e sonoridade, pode ser o mesmo do outro, mesmo que a impressão seja contrária, dadas as diferenças de frequência dos diversos subplanos ou Orixás menores e as necessidades dos reinos da natureza (elemental, mineral, vegetal e animal) e da consciência do homem ao interagir com essas hierarquias energéticas sutis ou Potestades Divinas.

Obviamente, o homem, como antena viva universal, visto que a potencialidade cósmica do Criador dormita em seu interior, qual semente de figueira hibernada que um dia germinará, tem nos chacras potentes receptores dos raios ou Orixás. Mesmo que esses receptores de ondas eletromagnéticas estejam entorpecidos em muitos cidadãos, como antena parabólica que não foi instalada no telhado da alma, chegará o dia em

---

* Segundo Helena Petrovna Blavatsky, no segundo volume de *A doutrina secreta*: "Podemos simbolizar estas hierarquias como círculos concêntricos de cores espectrais. Cada hierarquia pode ser representada por uma série de sete círculos concêntricos, em que cada círculo representa uma cor pela ordem da escala cromática. Porém, em cada um desses círculos – 'rodas' – haverá um círculo cuja cor é mais brilhante e intensa que a dos outros seis; e a 'roda' terá, por conseguinte, uma aura (uma franja, como dizem os físicos) dessa cor predominante e característica da hierarquia. Cada uma dessas hierarquias proporciona a essência (a alma), e é a 'construtora de um dos sete reinos da natureza. Ainda, cada hierarquia proporciona a aura de um dos sete princípios humanos, com sua cor peculiar. De outro modo, como cada uma delas governa um dos planetas sagrados, se compreenderá facilmente a origem da astrologia'".

que todos, indistintamente, sintonizarão plenamente os Orixás, o que não quer dizer que não recebem ininterruptamente e de forma equânime suas influências cósmicas.

É genuína magia *Aumbandhã* trazida para a Terra pelas hostes extraterrestres e suas vimanas, que aportam no orbe desde a época da Atlântida. Muitos desses irmãos das estrelas nunca encarnaram no planeta Terra e estão trabalhando na Umbanda em prol da evolução da coletividade terrícola.

Parte 3
Refletindo sobre a Umbanda

Capítulo 10
A Umbanda

Refletir sobre a Umbanda, compartilhando conceitos com os prosélitos umbandistas, torna-se algo complexo porque, no universo ritualístico externo, e no mais das vezes no interno, dada a diversidade do mundo espiritual, a legitimidade daquele que fala ou escreve sempre é questionada.

Essa situação leva a uma inibição de muitas lideranças que poderiam participar mais ativamente da porta de entrada dos terreiros para fora, para a sociedade, unindo-se a outros terreiros, não somente para dentro, para o público assistente e corpo mediúnico.

Atualmente, nem mesmo nas comunidades internas de cada agremiação é possível um consenso. Ao perguntarmos para cada médium manifestado (incorporado) com uma entidade o que é Umbanda, cada uma terá um conceito e uma orientação diferente. Talvez essa situação pudesse mudar se quebrássemos o tabu de não falar em consciência mediúnica, o que nos traria muito mais responsabilidade como instrumentos dos Espíritos no sentido de que seríamos artífices ativos, em vez de passivos, do que falamos e orientamos. A manutenção do tabu da inconsciência, um dogma em alguns terreiros, talvez ainda a maioria, faz-nos ficar acomodados, pois o que é dito e orientado é "culpa" das entidades, liberando-nos de maiores esforços, lamentavelmente também de estudar, pois "o guia faz tudo". Conclui-se, assim, que pouco se estuda no meio umbandista.

As discussões bizantinas nos terreiros sobre a "verdadeira" maneira de fazer as coisas, em que sempre se encontram detalhes ritualísticos, ditos fundamentos, que permitem a diferenciação e dão ênfase à interpretação pessoal de cada líder-chefe, inclusive dos médiuns "incorporados" em que a entidade dá a sua opinião, não raras vezes questionando diretamente a chefia dos trabalhos, só fazem demonstrar a extrema dificuldade de um campo muito fragmentado em sua relação com o mundo dos Espíritos.

É impossível uma uniformidade na diversidade da Umbanda pelo fato de sua natural convergência não significar unidade ritualística. Outro aspecto é que a fala dos Espíritos pode ser questionada a qualquer momento pelos chefes de terreiros quando contrariados pela orientação de um guia "subalterno" na hierarquia do espaço sagrado. Dessa forma, são muito difíceis quaisquer mudanças na maioria dos terreiros que contrariem o interesse do dirigente encarnado.

Logo, quando se trata de prática ritualística e fundamento de cada terreiro, conclui-se que dificilmente haverá uma unidade em toda a diversidade existente. Diante dessa constatação, infere-se que o movimento de convergência está, antes, ligado a preceitos mais genéricos.

É consenso fazer a caridade desinteressada, o maior ponto convergente na Umbanda. Há de se refletir sobre como surgiu na Umbanda a vinculação com sua essência: fazer a caridade. Pode haver críticas, contrariedades, mas não há como negar que o apelo caritativo da Umbanda, assim como sua ligação com Jesus Cristo, foi instituído pelo Caboclo das Sete Encruzilhadas pela inequívoca mediunidade de Zélio de Moraes.

Esse canal, desobstruído, natural, simples, não teve nenhuma iniciação na Terra, não fez raspagens e nunca precisou de sangue ou corte ritualístico para reforçar seu tônus mediúnico. O apelo iniciático é dispensado pelo Caboclo das Sete Encruzilhadas, que preparou seu médium em muitas encarnações antes da atual personalidade ocupada.

Pensemos sobre isto: o Caboclo praticou uma Umbanda mediúnica, e não iniciática.

O excesso de ritos de iniciação e a ênfase sacerdotal criam uma casta hierárquica rígida e podem estar sinalizando ausência de mediunidade em muitos centros de Umbanda. As complexidades exteriores de métodos que somente uns poucos dominam emboloram a simplicidade dos médiuns, que, em vez de se interiorizarem para perceber o mundo espiritual, são condicionados a prestar atenção e a decorar incontáveis procedimentos externos, bloqueando a natureza da manifestação mediúnica que ocorre e principia dentro da mente, e não fora.

Eis um ponto de contrariedade de muitas lideranças dos terreiros: a vinculação a Jesus e à caridade desinteressada. O "mal-estar" não está ligado propriamente a Jesus nas tentativas de dessincretizar a Umbanda, mas ao fato de que a moral contida em Seu Evangelho contraria muitos interesses. Como excluir Jesus e continuar com o sincretismo?

O que se está tentando dizer é que o movimento de reafricanização no meio umbandista, dispensando a Umbanda da imagem de Jesus e da caridade desinteressada, libera os adeptos para que cobrem pelas consultas e pelos trabalhos, para que realizem tranquilamente os sacrifícios dos animais, que dessa forma não se confrontariam com a caridade, visto que matar nunca poderá ser considerado um ato de amor, logo, caritativo.

Esse é o fulcro de toda a desarmonia existente nas tentativas de se criar uma unidade de preceitos, de fundamentos, uma mínima ortodoxia doutrinária (é óbvio que isso não significa cartilha dogmática) no seio da Umbanda.

Capítulo 11
Exu, o grande paradoxo na caridade umbandística

Seria possível aprofundar essa questão, polêmica por si, como, por exemplo, refletindo sobre as múltiplas facetas de Exu e a diversidade de interpretações existentes nos cultos.

Desde os idos da antiga África que Exu deixa estupefatos os circunstantes. Para alguns umbandistas, mais ligados à tendência católico-espirítica, é um grande incômodo, e não são permitidas suas manifestações. Para outros, liberados de constrições culposas, Exu ainda é vestido pelo inconsciente do imaginário popular com capa vermelha, tridente, pé de bode, sorridente entre labaredas. Há ainda os que "despacham" Exu para não incomodar o culto aos "Orixás".

"Exu, sendo considerado entidade, não deve entrar", dizem os ortodoxos que preconizam a pureza de algumas nações, pois ali não há lugar para egum, Espírito de morto. Existem os mais entendidos nos fundamentos da natureza oculta que compreendem Exu como o movimento dinâmico de comunicação entre os planos de vida. Entendem que o axé (*asé*) impulsiona a prática litúrgica, que, por sua vez, realimenta-o, pondo todo o sistema em movimento. Exu, vibração indiferenciada, não manifestada na forma transitória de um corpo astral ou outro veículo do plano concreto, é o que põe em movimento a força do axé, por meio da qual se estabelece a relação de intercâmbio da dimensão física (concreta) com a rarefeita, a dimensão espiritual.

Em conformidade com essa conceituação, Exu passa a ser indispensável, além de o elemento de ligação mais importante em toda a liturgia e a prática mágica umbandista. Sendo Exu o transportador, o que leva e traz, abre e fecha, para os africanistas ligados às tradições antigas, como concebê-lo sem o sacrifício animal para a realimentação da força vital (o *asé*), diante do preceito de que o sangue é o perfeito e indispensável condensador energético com essa finalidade?

Quando nos referimos a *africanista*, não queremos dizer negro. Para ser africanista, no sentido de preconizar a retomada dos antigos ritos tribais, pode-se ter qualquer cor de pele. Existem muito negros que têm verdadeira ojeriza a qualquer sacrifício, assim como há muitos brancos a postos com faca afiada.

Pedimos muita reflexão sobre as próximas afirmações.

Reduzir toda a movimentação das forças cósmicas e seu ciclo retrovitalizador ao derramamento de sangue pelo corte sacrificial é uma visão estreita e fetichista da Divindade. É uma posição reducionista, que demonstra dependência psicológica. Na atualidade, verifica-se que essa "práxis" extrapolou os limites de fé dos antigos clãs tribais e objetiva a manutenção financeira de cultos religiosos e o prestígio de seus chefes, dado que o sangue está ligado equivocadamente à força, ao poder, à resolução de problemas e à abertura dos caminhos. Saber manipulá-lo, ter cabeça feita, ser iniciado no santo, tudo isso simboliza esse poder. Esse apelo mágico divino atrai pelo natural imediatismo das pessoas em resolver seus problemas.

Afirmamos que é plenamente possível movimentar todo o axé, harmonicamente integrado com a natureza de amor cósmico e natureza crística da Umbanda, equilibrado com sua essência, que é fazer a caridade desinteressada e gratuita, sem ceifar vidas e derramar sangue.

O próprio aparelho mediúnico é o maior e mais importante vitalizador do ciclo cósmico de movimentação do axé. Ele é o "fornecedor", a cada batida de seu coração, do sangue que circula em todo o seu corpo denso, repercutindo, energeticamente, nos corpos mais sutis e volatilizando-se no plano etérico. Dessa forma, os Espíritos mentores que não produzem essas energias mais densas e telúricas valem-se de seus médiuns, que fornecem a vitalidade necessária aos trabalhos caritativos aos necessitados. Há os Espíritos que vampirizam esses fluidos. Estes são dignos de amor, amparo e socorro, exatamente o que fazem as falanges de Umbanda.

Capítulo 12
Apelo mágico da iniciação: raspar a cabeça e deitar para o santo

Vamos levantar algumas questões para reflexão. No entanto, não visamos ao julgamento de quem quer que seja, pois o respeito ao livre-arbítrio é soberano. Por outro lado, muitos ritos das nações se contrapõem à Umbanda pelo lado estético, exterior: o luxo e a criatividade das roupas usadas contrastam violentamente com a simplicidade e austeridade umbandista. Assim, embora o caráter festivo das cerimônias das nações seja confrontado com a utilidade do trabalho "simplório" da Umbanda, são justamente o luxo e as apoteoses que agem como ímã sobre os médiuns que estão na Umbanda.

Mesmo com o custo excessivo das iniciações e dos adereços, muitos umbandistas acabam se interessando pelas raspagens e por deitar-se para o santo, por quê? Seguem algumas constatações dos motivos:

1. Na Umbanda, os médiuns incorporam Espíritos simples para fazer a caridade anonimamente, identificando-se por nomes simbólicos. Nas nações, os iniciados se transformam em deuses poderosos que controlam os trovões e ventos, em que a presença do santo no "cavalo" é

motivo de veneração coletiva. A combinação de música, dança, luxo, decoração e comida gera uma fascinação irresistível sobre os espectadores.

2. Tornar-se iniciado significa prestígio, e brilhar nas cerimônias confere autenticidade à manifestação do santo.

3. Os que são iniciados e continuam em seus terreiros de Umbanda, chefes espirituais, aos olhos da assistência e dos clientes, se tornam mais "poderosos", com um axé "mais forte", aumentando a procura por seus serviços mágicos, o que oportuniza maior ganho financeiro, *status* e prestígio no mercado religioso.

4. Muitos acham que "reforçando" sua mediunidade, fazendo o corte ritual no alto do crânio, assentando o "Orixá", terão mediunidade mais inconsciente, o que tornará seu tônus mediúnico mais forte.

Cada vez mais se vê terreiros que se rendem ao apelo mágico desse tipo de iniciação, introduzindo raspagens, camarinhas, cortes ritualísticos. Numa segunda etapa, preconizam "libertar" a Umbanda, dessincretizando-a, "africanizando-a" nas tradições antigas, para dispensar o atrito desses ritos com a essência umbandista: a caridade desinteressada.

Capítulo 13
Está faltando mediunidade na Umbanda?

Pensemos sobre a Umbanda. Relembremos o Caboclo das Sete Encruzilhadas e o canal mediunidade, a manifestação mediúnica cristalina, inequívoca, num jovem de 17 anos. Reflitamos sobre a essência da Umbanda com o Cristo Cósmico, em sua maior representação que foi Jesus na Terra.

Qual o motivo de o Caboclo das Sete Encruzilhadas ter associado o movimento nascente, que era preexistente no Astral muito antes, à caridade, à disciplina, à austeridade do branco, à igualdade entre todos, à simplicidade sem ritos complexos e sacrificiais?

Na verdade, pensemos que para ser médium "basta" manifestarem-se os guias, pois nasce-se com eles. Ninguém na Terra poderá botar ou tirar os Espíritos que estão destinados a trabalhar com os médiuns. Quem tem mediunidade, quem tem coroa para trabalhar, vem com ela antes de encarnar, não precisa pagar para ninguém firmar seu santo, assentá-lo em sua glândula pineal.

Lembrem-se:

- A mediunidade é um dom de Deus, de Olorum, dos Orixás.
- A Umbanda é mediúnica.
- Reflitamos, portanto, sem julgamentos, fundamentados em fatos:
- Somos umbandistas?
- O que é ser umbandista?

Fraternalmente,

*Yutomi**
O caravaneiro do umbral

---

*Espírito indochinês que outrora atuou muito como guia batedor, pelo fato de ser profundo conhecedor da "geografia" das zonas trevosas umbralinas. Auxiliava as falanges da Umbanda a se movimentarem nessas regiões em suas incursões de resgate, o que o credenciou a trabalhar nos terreiros da crosta elaborando roteiros de incursões a esses locais.

Textos adicionais

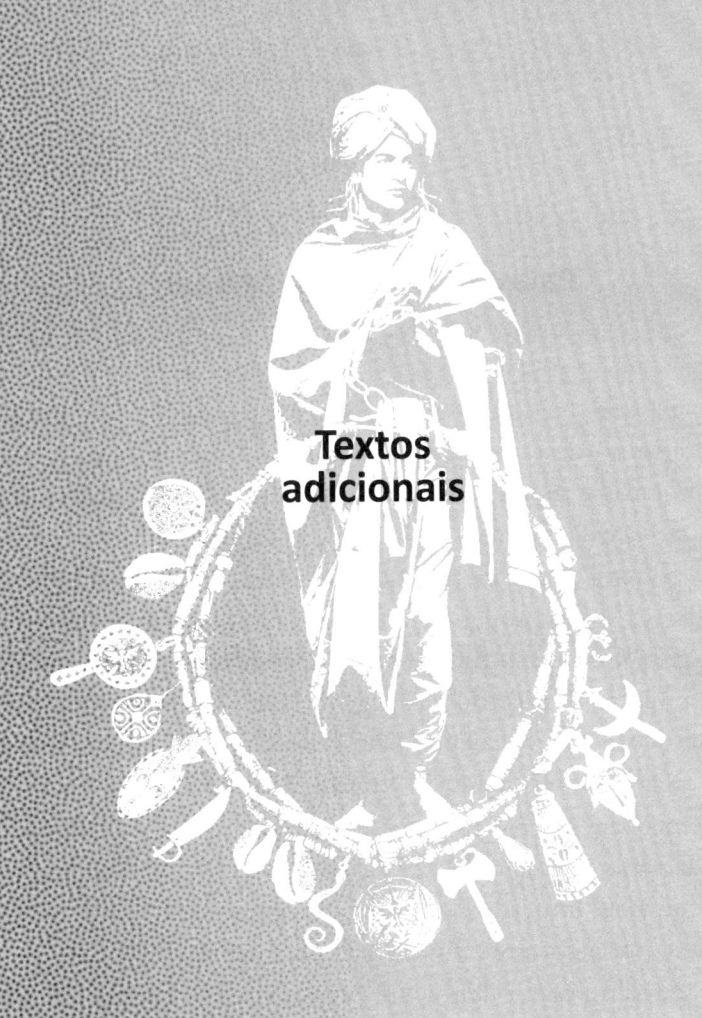

Palavras finais do médium

Ao término desta obra, deixo registrado meu profundo apreço e respeito por todas as nações e formas de intercâmbio com o Sagrado existente na face da Terra.

Não poderia deixar de registrar meu reencontro com a Mãe Iassan Ayporê Pery, Espírito amigo incansável que me auxilia desde os idos do Antigo Egito. Como seu filho espiritual, conduziu-me em rito de consagração à função de sacerdote (dirigente) de Umbanda, cujos preceitos iniciáticos ocorreram nas dependências do Centro Espiritualista Caboclo Pery, localizado na cidade de Niterói, Rio de Janeiro.

Pertencer a esse Tronco de Luz, à egrégora de Caboclo Pery dirigida por Mãe Iassan, e dos sagrados Orixás da amada Umbanda, extrapola em muito o que meus limitados sentidos conseguem captar. Foi necessário o tempo para que eu pudesse interiorizar tudo o que recebi.

Compartilho com o leitor um pequeno texto que me foi ofertado por uma médium amiga, na época de minha consagração, simbolizando o que devo concretizar para preservar ao máximo os preceitos, os fundamentos e as benesses iniciáticas recebidos em minha coroa pelas mãos amorosas e firmes de Mãe Iassan:

Filho de Kumaitê

Não revides pedra nem aceites provocação para que o fogo da intolerância não queime as flores da Sabedoria que recebeste. Sejas sereno como a mãe Lua e caloroso como o pai Sol, e quando o irmão Vento estiver em fúria e tornar revoltas as águas de tuas emoções, confia no amigo Tempo; ele te conduzirá pela estrada da paciência até os limites da terra das realizações.

Bênçãos de Kumaitê, chefe dos Cunaãs.

Que o Tronco de Luz, que é o Centro Espiritualista Caboclo Pery, e a coroa mediúnica de Mãe Iassan estejam cada vez mais firmes para me guiarem e me protegerem por intermédio dos sagrados Orixás da nossa amada Umbanda, sabedor que sou de que muitos serão os espinhos e poucas as pétalas no transcurso desta atual caminhada terrena.

Norberto Peixoto

Nascimento da Umbanda e centenário do advento do Caboclo das Sete Encruzilhadas

A Umbanda completou 100 anos em 15 de novembro de 2008, data de sua anunciação pelo Caboclo das Sete Encruzilhadas. Esse fato legitima o verdadeiro nascimento da Umbanda, pelo ineditismo do estabelecimento das normas de seu culto, proclamado só então por essa entidade missionária.

Tal data marca o surgimento estruturado da Umbanda para os homens, visto que a Senhora da Luz Velada é muito mais antiga nos planos rarefeitos que o próprio Planeta Terra. Embora a participação do médium Zélio de Moraes e o advento do Caboclo das Sete Encruzilhadas não sejam o único fato relacionando à organização terrena da Umbanda, não se pode negar que é o marco referencial mais importante do movimento.

Inegavelmente a Umbanda é uma religião brasileira, e nela encontra-se o amálgama do misticismo do índio, da magia do negro africano e das crenças brancas judaico-cristãs, católicas e espíritas.

Zélio Fernandino de Moraes nasceu em 10 de abril de 1891, no distrito de Neves, município de São Gonçalo, Rio de Janeiro. Aos 17 anos, quando se preparava para servir às Forças Armadas, ocorreu um fato curioso: ele começou a falar com um sotaque diferente, em tom manso, parecendo um senhor de idade avançada. A princípio, a família achou que estivesse apresentando algum distúrbio mental, e então o encaminhou aos cuidados do tio, Epaminondas de Moraes, psiquiatra e diretor do Hospício de Vargem Grande. Mas não tendo sido encontrado em nenhuma literatura médica os sintomas apresentados pelo rapaz, o médico sugeriu que o encaminhassem a um padre para que fosse realizado um ritual de exorcismo, pois desconfiava que o sobrinho estivesse possuído pelo demônio. A família procurou então um padre, que, mesmo tendo realizado o ritual de exorcismo, não conseguiu nenhum resultado.

Novamente, em fins de 1908, os familiares foram surpreendidos por uma ocorrência que tomou aspectos sobrenaturais: o jovem Zélio, agora acometido por estranha paralisia, a qual os médicos não conseguiam debelar, ergueu-se certo dia do leito e declarou: "Amanhã estarei curado". No dia seguinte, começou a andar como se nada tivesse acontecido. Nenhum médico soube explicar como ocorrera a recuperação. Dona Leonor de Moraes, resolveu levar o filho a uma curandeira chamada Cândida, figura conhecida em Niterói, e que incorporava o Espírito de um Preto Velho chamado Tio Antônio. A entidade atendeu ao rapaz e disse que ele já tinha desenvolvido o fenômeno da mediunidade e que, portanto, deveria trabalhar na caridade.

O pai de Zélio, Joaquim Fernandino Costa, apesar de não frequentar nenhum centro espírita, era adepto do espiritismo e tinha o hábito de ler livros espíritas. Em 15 de novembro de 1908, por sugestão de um amigo, levou Zélio à Federação Espírita de Niterói. Convidados por José de Souza, dirigente da instituição, para participar da sessão, ambos se sentaram à mesa e, em seguida, contrariando as normas do trabalho, Zélio levantou-se e disse: "Aqui está faltando uma flor". Dirigiu-se ao jardim, apanhou uma rosa branca e colocou-a no centro da mesa. Iniciou-se uma estranha confusão no local: ele incorporou uma entidade e, simultaneamente, diversos médiuns também apresentaram incorporações de Caboclos e Pretos Velhos. Advertida pelo dirigente do trabalho, a entidade incorporada no rapaz perguntou: "Por que repelem a presença desses Espíritos, se nem sequer se dignaram a ouvir suas mensagens? Será por suas origens sociais, ou em decorrência de sua cor?"

Novamente uma força estranha dominou o jovem Zélio, e ele continuou a falar, sem saber o que dizia, pois ouvia apenas sua própria voz perguntar o motivo que levava os dirigentes dos trabalhos a não aceitarem a comunicação daqueles Espíritos e se os consideravam atrasados apenas por suas encarnações anteriores. Seguiu-se um diálogo acalorado, e, embora o

Espírito desconhecido desenvolvesse uma argumentação segura, os responsáveis pela sessão procuravam doutriná-lo e afastá-lo. "Por que o irmão fala nesses termos, pretendendo que a direção aceite a manifestação de Espíritos que, pelo grau de cultura que tiveram quando encarnados, são claramente atrasados? Por que fala desse modo, se estou vendo que me dirijo neste momento a um jesuíta*, cuja veste branca reflete uma aura de luz? Qual é o seu nome, irmão?"

O Espírito desconhecido respondeu: "Se julgam atrasados os Espíritos de pretos e índios, devo dizer que amanhã (16 de novembro) estarei na casa de meu aparelho para dar início a um culto em que esses irmãos poderão transmitir suas mensagens e, desse modo, cumprir a missão que o plano espiritual lhes confiou. Será uma religião que falará aos humildes simbolizando a igualdade que deve existir entre todos os irmãos, encarnados e desencarnados. E se querem saber meu nome, que seja este: Caboclo das Sete Encruzilhadas, porque para mim não haverá caminhos fechados".

O vidente retrucou com ironia: "Julga o irmão que alguém irá assistir ao seu culto?" Ao que o Espírito respondeu: "Cada colina de Niterói atuará como porta-voz, anunciando o culto que amanhã darei início. No dia seguinte, na casa da família Moraes, à Rua Floriano Peixoto, número 30, às 20 horas, estavam reunidos os membros da Federação Espírita para comprovar a veracidade do que fora declarado na véspera. Parentes próximos, amigos e vizinhos também se fizeram presentes e, do lado de fora, uma multidão de desconhecidos. Foi então que o Caboclo das Sete Encruzilhadas manifestou-se e declarou que naquele momento se iniciava um novo culto, com a participação de Espíritos de velhos africanos escravos que, desencarnados, não encontravam campo de atuação nos remanescentes das seitas negras, deturpadas e totalmente dirigidas a trabalhos de feitiçaria, além de índios nativos de nosso território que trabalham em benefício de seus irmãos encarnados, independentemente de cor, raça, credo ou condição social.

A prática da caridade, no sentido do amor fraterno, seria, portanto, a característica principal do culto, que teria por base o Evangelho de Jesus, cujas normas o caboclo estabeleceu. Dentre elas, as de que nas sessões diárias (assim seriam chamados os períodos de trabalho espiritual), das 20

---

* Percebia-se a forma astral de encarnação anterior da entidade, quando fora padre Gabriel Malagrida, santo sacerdote que a Inquisição sacrificou na fogueira, em Lisboa.

às 22 horas, os participantes estariam uniformizados, todos de branco, e o atendimento seria gratuito, e que o nome do movimento religioso seria Umbanda, que significa "manifestação do Espírito para a caridade".

A casa de trabalhos espirituais então fundada recebera o nome de Nossa Senhora da Piedade, porque, assim como Maria de Nazaré acolhera o filho nos braços, também seriam acolhidos ali todos os que necessitassem de ajuda ou conforto. Ditadas as bases do culto, após responder em latim e alemão às perguntas dos sacerdotes presentes, o Caboclo das Sete Encruzilhadas passou à prática dos trabalhos, curando enfermos e fazendo andar paralíticos.

Naquele mesmo dia, o médium incorporou um Preto Velho chamado Pai Antônio, que, em decorrência de sua fala mansa, foi tratado por alguns como uma manifestação de loucura. O Preto Velho, proferindo palavras de muita sabedoria e humildade, além de aparente timidez, recusava-se a se sentar à mesa com os presentes, dizendo: "Nego num senta não, meu sinhô; nego fica aqui mesmo. Isso é coisa de sinhô branco, e nego deve arrespeitá". Após a insistência dos presentes, ele pronunciou: "Num carece preocupá não. Nego fica no toco, que é lugá di nego".

E assim continuou, dizendo outras palavras que expressavam sua humildade. Uma pessoa participante da reunião lhe perguntou se sentia falta de alguma coisa que havia deixado na Terra, ao que ele respondeu: "Minha caxímba; nego qué o pito que deixô no toco. Manda mureque busca".*

A solicitação desse primeiro elemento de trabalho para a nova religião deixou perplexos os presentes. Foi Pai Antônio também a primeira entidade a solicitar uma guia. As mesmas guias são usadas até hoje pelos membros da Tenda, carinhosamente denominadas de "guia de Pai Antônio". No dia seguinte, formou-se verdadeira romaria em frente à casa da família Moraes. Cegos e paralíticos foram curados. Todos iam em busca de cura, e ali a encontravam, em nome de Jesus. Médiuns cuja manifestação mediúnica fora considerada loucura deixaram os sanatórios e deram provas de suas qualidades excepcionais.

---

* Provavelmente deve ter surgido daí o seguinte ponto cantado de Pretos Velhos: "Seu cachimbo tá no toco, manda moleque buscar/No alto da mata virgem, seu cachimbo ficou lá", o qual, por essa circunstância, torna emblemática a presença dos Pretos Velhos na origem da Umbanda.

A partir de então, o Caboclo das Sete Encruzilhadas começou a trabalhar incessantemente para esclarecer, difundir e sedimentar a Umbanda. Foi assim que fundou a corrente astral da Umbanda.

Após algum tempo, um Espírito se manifestou com o nome de Orixá Malé, responsável por desmanchar trabalhos de baixa magia. Essa entidade, quando em demanda, mostrava-se sábia, capaz de destruir as energias maléficas dos que a procuravam.

Dez anos depois, em 1918, o Caboclo das Sete Encruzilhadas, recebendo ordens do Astral, fundou sete tendas para a propagação da Umbanda, sendo elas: Tenda Espírita Nossa Senhora da Guia, Tenda Espírita Nossa Senhora da Conceição, Tenda Espírita Santa Bárbara, Tenda Espírita São Pedro, Tenda Espírita Oxalá, Tenda Espírita São Jorge e Tenda Espírita São Jerônimo.

O termo "espírita", bem como os nomes de santos católicos nas instituições recém-fundadas, foram usados porque naquela época não se podia registrar o nome Umbanda, uma vez que esta era proibida e seus membros perseguidos pela polícia, que a confundia com macumba. Quanto aos nomes de santos, era uma maneira de estabelecer um ponto de referência para os fiéis da religião católica que procuravam os préstimos da Umbanda. Enquanto Zélio estava encarnado, foram fundadas mais de 10 mil tendas, a partir das mencionadas.

Ministros, industriais e militares que recorriam ao poder mediúnico de Zélio para a cura de parentes enfermos, vendo-os recuperados, procuravam retribuir o benefício com presentes ou preenchendo cheques vultosos. "Não os aceite; devolva-os!", ordenava sempre o Caboclo. Mesmo não tendo seguido a carreira militar, para a qual se preparava, pois sua missão mediúnica não permitiu, Zélio nunca fez da religião sua profissão. Trabalhava para o sustento da família, tendo contribuído financeiramente diversas vezes para manter abertos os templos que o Caboclo das Sete Encruzilhadas fundou. Isso sem contar as pessoas que se hospedavam em sua casa (que, segundo dizem, parecia um albergue) para os tratamentos espirituais.

Zélia nunca aceitava ajuda de ninguém, conforme a ordem de seu guia-chefe, apesar de inúmeras vezes isso lhe ter sido oferecido. O ritual era simples, *nunca tendo sido permitido o sacrifício de animais*. Não utilizavam atabaques ou quaisquer outros objetos e adereços. Esses instrumentos começaram a ser usados com o passar do tempo por algumas das tendas fundadas pelo Caboclo das Sete Encruzilhadas. A Tenda Nossa Senhora da Piedade não os utiliza em seu ritual até hoje. As guias usadas eram apenas as determinadas pelas entidades que se manifestavam. A preparação dos médiuns era feita com banhos de ervas, além do ritual do *amaci*, isto é, a lavagem da cabeça com ervas, em que os filhos de Umbanda se afinam com a vibração de seus guias. Após 55 anos de atividade, o médium entregou a direção dos trabalhos às suas filhas, Zélia e Zilméia.

Mais tarde, junto com sua esposa, Maria Isabel de Moraes, médium ativa da Tenda e aparelho do Caboclo Roxo, Zélio fundou a Cabana de Pai Antônio, no distrito de Boca do Mato, município de Cachoeira do Macacu, no Rio de Janeiro. Eles dirigiram os trabalhos enquanto a saúde de Zélio permitiu, tendo ele desencarnado aos 84 anos, em 3 de outubro de 1975.

Em 1971, a senhora Lilian Ribeiro, diretora da Tenda de Umbanda Luz, Esperança, Fraternidade (TULEF), no Rio de Janeiro, gravou uma mensagem[*] do Caboclo das Sete Encruzilhadas, que espelha a humildade e o alto grau de evolução dessa entidade de luz.

> A Umbanda tem progredido e vai progredir. É preciso haver sinceridade, honestidade, e eu previno sempre aos companheiros de muitos anos: a vil moeda vai prejudicar a Umbanda; médiuns irão se vender e serão, mais tarde, expulsos, como Jesus expulsou os vendilhões do templo. O perigo do médium homem é a consulente mulher; do médium mulher é o consulente homem. É preciso estar sempre de prevenção, porque os próprios obsessores que procuram atacar as nossas casas fazem com que toque alguma coisa no coração da mulher que fala ao pai de terreiro, como no coração do homem que fala à mãe de terreiro. É preciso haver muita moral para que a Umbanda progrida, seja forte e coesa. Umbanda é humildade, amor e caridade – esta é a nossa bandeira. Neste momento, meus irmãos, rodeiam-me diversos Espíritos que trabalham na Umbanda do Brasil: Caboclos de Oxóssi, de Ogum, de Xangô. Eu, porém, sou da falange de Oxóssi, meu pai, e não vim por acaso, trouxe uma ordem, uma missão.

---

[*] Este texto fundamentou-se em informações verídicas obtidas diretamente de fitas gravadas pela senhora Lilian Ribeiro, presidente da Tenda de Umbanda Luz, Esperança, Fraternidade (TULEF), contendo os fatos históricos narrados pelo próprio Zélio de Moraes, manifestado mediunicamente com o Caboclo das Sete Encruzilhadas. Em 2 de novembro de 2005, visitei dona Zilméia em sua residência, em Niterói, oportunidade em que também conheci dona Lygia Moraes, respectivamente filha e neta de Zélio, dando conhecimento a ambas do presente texto, quando então me foi confirmada sua autenticidade e autorizada esta transcrição.

Meus irmãos, sede humildes, tende amor no coração, amor de irmão para irmão, porque vossa mediunidade ficará mais pura, servindo aos Espíritos superiores que venham a baixar entre vós. É preciso que os aparelhos estejam sempre limpos, os instrumentos afinados com as virtudes que Jesus pregou na Terra, para que tenhamos boas comunicações e proteção para aqueles que vêm em busca de socorro nas casas de Umbanda.

Meus irmãos, meu aparelho já está velho, com 80 anos a fazer, mas começou antes dos dezoito. Posso dizer que o ajudei a se casar, para que não ficasse a dar cabeçadas, para que fosse um médium aproveitável e que, pela sua mediunidade, eu pudesse implantar a nossa Umbanda. A maior parte dos que trabalham na Umbanda, se não passaram por esta Tenda, passaram pelas que saíram desta casa.

Tenho uma coisa a vos pedir: se Jesus veio ao planeta Terra na humildade de uma manjedoura, não foi por acaso; assim o Pai determinou. Podia ter procurado a casa de um potentado da época, mas foi escolher aquela que havia de ser sua mãe, este Espírito que viria traçar à humanidade os passos para obter paz, saúde e felicidade.

Que o nascimento de Jesus, a humildade com que Ele baixou à Terra sirvam de exemplos, iluminando os vossos Espíritos, tirando os escuros de maldade por pensamento ou práticas; que Deus perdoe as maldades que possam ter sido pensadas, para que a paz possa reinar em vossos corações e nos vossos lares. Fechai os olhos para a casa do vizinho; fechai a boca para não murmurar contra quem quer que seja; não julgueis para não serdes julgados; acreditai em Deus, e a paz entrará em vosso lar. É dos Evangelhos. Eu, meus irmãos, como o menor Espírito que baixou à Terra, mas amigo de todos, numa concentração perfeita dos companheiros que me rodeiam neste momento, peço que eles sintam a necessidade de cada um de vós e que, ao sairdes deste templo de caridade, encontreis os caminhos abertos, vossos enfermos melhorados e curados e a saúde para sempre em vossa matéria. Com um voto de paz, saúde e felicidade, com humildade, amor e caridade, sou e sempre serei o humilde Caboclo das Sete Encruzilhadas.

Zélio Fernandino de Moraes dedicou 66 anos de sua vida à Umbanda, tendo retornado ao plano espiritual com a certeza da missão cumprida. Seu trabalho e as diretrizes traçadas pelo Caboclo das Sete Encruzilhadas continuaram sendo desenvolvidos por suas filhas, Zélia e Zilméia, que carregam em seus corações um grande amor pela Umbanda, árvore frondosa que está sempre a dar frutos a quem souber e merecer colhê-los.

Projeto Divina Luz na Terra

"Salve os filhos de fé, salve Oxalá!
Salve a Umbanda, nossa casa!"

Esta preta velha, que ainda se acha uma "menina", mesmo depois de tantos nós já contados no bambu da existência*, quando na carne, lembra-se de quantos cestos de roupa suja precisou aguar na lavanderia do Espírito para alvejar as nódoas enegrecidas pela magia negativa usada em proveito próprio.

Comprometida com a Grande Fraternidade Universal para levar conhecimento às mentes mais endurecidas, não deixou ainda de ser a velha feiticeira que vez ou outra se enreda em um envolvimento magístico, agora direcionado para o desmanche, e, com a graça de Zambi, nunca mais para macular um irmão de caminhada. Deste lado, nós, obreiros da Umbanda, a Senhora da Luz Velada, temos árdua tarefa, pois contrariamos o objetivo das trevas, que se embrenham e compram os filhos da Terra com o falso brilho do ouro e dos prazeres sensórios. Se já nos é difícil encontrar aparelhos mediúnicos com seriedade e altivez para assumir junto conosco a tarefa caridosa, é muito mais oneroso mantê-los vigilantes e leais à luz.

Quando o Caboclo das Sete Encruzilhadas verbalizou por intermédio do menino Zélio a responsabilidade de implantação da nova religião, missão tão bem cumprida por ele, a Espiritualidade descia aos humildes. Esse objetivo nobre precisava de canal elevado, e os Maiorais do Espaço não buscaram para tal feito nenhum médium "coroado" ou renomado de segmentos religiosos terrenos, nem mesmo mestre, mago, iniciado ou bastião de insígnias sacerdotais. É claro que o menino Zélio, que serviu de instrumento

---

*Era da tradição indígena brasileira contar os anos de vida das pessoas pela floração dos bambus, que acontece a cada 15 anos. Então, sobre uma pessoa com 30 anos, dizia-se ter "dois bambus"; os nós representam também os anos de vida.

físico, já viera preparado do Astral e, ao retomar a ele, continua envolvido no projeto Umbanda na Terra, "como um todo".

A Umbanda, que também é ainda uma menina, em si não se resume à tenda onde foi alicerçada. Sua história, seus valores, seu objetivo estão intrínsecos muito além das instituições, que mais buscam posições do que resultados; estão, sim, nos médiuns, cujo comprometimento e cuja seriedade dão continuidade à religião. Não seria o local onde a luz refulgiu que deixaria de ser atrativo para as trevas, assim como tem acontecido na terra onde Oxalá mandou nascer Seu maior representante. Não conseguindo deturpar todas as mentes, focalizam os templos e terreiros pela maior ou menor representatividade que exercem, ante a visão temporária e vaidosa de certas lideranças.

Os caridosos serão vencedores, e os mercadores de graças irão se consumir em sua colheita. Esse é um sinal dos tempos. Portanto, prossigam, guerreiros, caravaneiros da Divina Mediadora, não para combater os muros das trevas intencionalmente, mas para implantar o estandarte da luz, distribuindo-a por todos os cantos onde o vento possa levá-la.

Não lastimem pelos que se deixam escravizar, pois no além o projeto ganha forças. Não será o fluido vital derramado de nossos irmãozinhos do mundo animal, sacrificados e utilizados por alguns médiuns, infelizmente ainda comandados pela dependência psicológica das iniciações e dos despachos sanguinolentos, que fará desmerecer todas as tochas que a nossa amada Umbanda já acendeu pelas Terras do Cruzeiro.

Continuem firmes! Perseverem justos e fortalecidos pela certeza da vitória, sem batalhas. Busquem disseminar a verdadeira doutrina umbandista, isentando-se de ceder àquilo tudo que contraria o que foi implantado pelo Caboclo das Sete Encruzilhadas. Exemplifiquem e deixem que seus iguais exerçam a atração natural entre si. Documentos são importantes, porém mais importante é o compromisso moral dos verdadeiros seguidores do Caboclo das Sete Encruzilhadas. Prossigam na busca desses valores e não se preocupem com as querelas e as trevas, as quais respeitamos, mas às quais não podemos nos curvar. A Luz se fará valer. Lembrem-se sempre, filhos amados, de que o maior axé, a mais completa força oferecida para os Orixás, é o amor e a caridade dentro de cada criatura.

Um saravá aos irmãos da Terra! As bênçãos das falanges de Aruanda, do Caboclo das Sete Encruzilhadas, de toda a Confraria da Umbanda e da Fraternidade Universal.

Paz!

Vovó Benta

A luz da verdadeira religiosidade está provisoriamente compartimentada na Terra. Iludem-se os filhos pelo falso brilho e, aprisionados nas religiões que praticam, consideram-se "salvos". Não são muito diferentes das mariposas atraídas cegamente pela luminosidade das lamparinas nas varandas da casa do sinhô. Facilmente se afogavam no azeite ou caíam ao solo pela oleosidade que paralisava suas delicadas asas, sendo rapidamente devoradas pelos répteis rastejantes ao longo da noite que nos encobria, escravos exaustos.

Saibam que no passado de grande opressão aos cultos ancestrais, esta Preta Velha, triste, ficava sentada na entrada da senzala. Ao fundo, escutava gemidos provocados pela dor das chibatadas dirigidas aos dorsos nus dos negros "preguiçosos". Pensava que, se não houvesse perseguições religiosas e se cada um dos manos brancos procurasse o caminho mais desejável para apaziguar a ânsia espiritual que os afligia – não somente quando seus filhos ou eles mesmos adoeciam, ocasiões em que, sem jeito, às escondidas e com pouca modéstia, pediam cura aos intermediários dos Orixás –, não haveria tanto conflito até os dias atuais.

Religiões, doutrinas, crenças, cultos e ritos, raças, sexos, idiomas, riqueza e pobreza, saúde e doenças, alegrias e dores, todas as diferenças psíquicas e biológicas, as peculiaridades características das formas que animam as personalidades mortais, tudo isso nada mais é que ilusórios degraus, os quais devem ser superados a caminho da real escada evolutiva do Espírito.

Se hoje nos apresentamos como fomos ontem – eu, por exemplo, com a aparência de uma preta velha, contando "causos" e descontraindo os ânimos –, é para chegarmos mais facilmente aos endurecidos corações da Terra. A Umbanda despersonaliza legiões de Espíritos e libera-os do apego às formas, uma vez que não importa qual é a entidade espiritual curvada diante de seu aparelho no terreiro, e sim sua essência missionária: fazer a caridade com Jesus.

A Umbanda molda-se à diversidade das consciências e é ativa, dinâmica, universalista e convergente em sua parte visível terrena, estável e firme no espaço oculto. Nessa abençoada "mistura", todos estão evoluindo.

Graças a Oxalá, a Umbanda não é mais uma lamparina que afoga e imobiliza os que buscam a luz espiritual.

Vovó Maria Conga

Referências

AZEVEDO, José Lacerda de. *Espírito/matéria – novos horizontes para a medicina*. 7. ed. Porto Alegre: Casa do Jardim, 2002.

BARCELLOS, Mario César. *Os Orixás e o segredo da vida – lógica, mitologia e ecologia*. 4. ed. Rio de Janeiro: Pallas, 2005.

BLAVATSKY, Helena Petrovna. *A doutrina secreta*. São Paulo: Pensamento, 1980. v. 2: Simbolismo Arcaico Universal.

FERAUDY, Roger. *A terra das araras vermelhas*: uma história na Atlântida. Limeira-SP: Editora do Conhecimento, 2000.

RAMATÍS (Espírito). *Jardim dos Orixás*. Psicografado por Norberto Peixoto. Porto Alegre: Legião Publicações, 2004.

_____. *Elucidações do além*. Psicografado por Hercílio Maes. Limeira-SP: Editora do Conhecimento, 1964.

_____. *Fisiologia da alma*. Psicografado por Hercílio Maes. Limeira-SP: Editora do Conhecimento, 1959.

_____. *A vida além da sepultura*. Psicografado por Hercílio Maes. Limeira-SP: Editora do Conhecimento, 1957.

RIVAS NETO, Francisco (Yamunisiddha Arhapiagha). *Exu, o grande arcano*. 3. ed. São Paulo: Ícone, 1993.

SILVA, W. W. da Matta e. *Umbanda do Brasil*. 2. ed. São Paulo: Ícone, 1996.

TRINDADE, Diamantino F. *Umbanda, um ensaio de ecletismo*. São Paulo: Ícone, 1994.

_____. *Umbanda e sua história*. 2. ed. São Paulo: Ícone, 1991.

Conheça as obras de
Norberto Peixoto

EXU
O poder organizador do caos

NO REINO DE EXU
A retificação do destino

O MAGNETISMO NA CASA UMBANDISTA
A saúde integral do ser

ENCANTOS DE UMBANDA
Os fundamentos básicos do Esoterismo Umbandista

APOMETRIA
Os Orixás e as Linhas de Umbanda

AS FLORES DE OBALUAÊ
O poder curativo dos Orixás

IOGA E MEDITAÇÃO DOS ORIXÁS
A união da Alma com o Purusha

ESTRELA GUIA
O povo do Oriente na Umbanda

OS ORIXÁS E OS CICLOS DA VIDA

O TRANSE RITUAL NA UMBANDA
Orixás, Guias e Falangeiros

REFLETIU A LUZ DIVINA
Introdução à Umbanda

CARTILHA DO MÉDIUM UMBANDISTA

A UMBANDA É DE TODOS
Manual do chefe de terreiro

INICIANDO NA UMBANDA
A psicologia dos Orixás e dos Cristais

Norberto Peixoto e
R·A·M·A·T·Í·S

ELUCIDAÇÕES DE UMBANDA
A Umbanda sob um olhar universalista

REZA FORTE
A Umbanda com Jesus

UMBANDA PÉ NO CHÃO

DICIONÁRIO RAMATÍS DA UMBANDA

JARDIM DOS ORIXÁS

APOMETRIA E UMBANDA

VOZES DE ARUANDA